文學叢刊

古晟著

# 迷情・奇謀・輪迴

## ——進出三界大滅絕（二）

文史哲出版社印行

國家圖書館出版品預行編目資料

迷情．奇謀．輪迴：進出三界大滅絕．二 /
古晟著. -- 初版. -- 臺北市：文史哲, 民
96.10
頁： 公分. --（文學叢刊；217）
ISBN 978-957-549-845-0 (平裝)

857.83 98009787

文學叢刊 217

# 迷情・奇謀・輪迴

## — 進出三界大滅絕(二)

著者：古晟
出版者：文史哲出版社
http://www.lapen.com.tw
登記證字號：行政院新聞局版臺業字五三三七號
發行人：彭正雄
發行所：文史哲出版社
印刷者：文史哲出版社
臺北市羅斯福路一段七十二巷四號
郵政劃撥帳號：一六一八〇一七五
電話886-2-23511028・傳真886-2-23965656

實價新臺幣二二〇元

中華民國九十八年（2009）六月初版


ISBN 978-957-549-845-0 08217

# 迷情・奇謀・輪迴「進出三界大滅絕(二)」 目次

# 17 黑龍江漠河宇宙光　旅次聞台灣末世亂

「爲著要甲伊相見，走甲面青青，前後悸喘弄未離，滿身流汗點點滴，無情夜車做伊來開出去，害阮看無伊，大聲叫伊名字，傷心淚滴，月台票替阮悲，啊……再會啦！再會啦！袂得再相見。

「……」

這是一首很老很老的老台灣歌，歌名叫做「離別的月台票」主唱者是誰已不可考。是一個女歌者，聲音柔美、深情，又帶半分淒迷，讓聽的人自然的沈靜下來，只做著緩慢溫存的動作，靜靜的聽、聽……

去年離開台灣時，安安帶著一些她愛聽的台灣歌，是最後的懷念吧！今生今世再也看不到台灣了，如那歌詞「再會啦！再會啦！袂得再相見。」

現在又是何年何月呢？怎樣的時空背景？告訴大家，現在是二〇一〇年的五月初，我和安安即已決定五月底要到普陀山修行，同時追尋與觀音菩薩所有可能的因緣，便將北大客座課程減到最少，利用時間出遊，主要看看我們覺得最有意義的地方。此刻，我和安安正在黑龍江省最北境的漠河附近一個小旅店內，這裡也是中國最北地帶，天氣很冷，但我們想來體驗中國的「北極」。

本來三天前，沙瑪康和林愛國二人還同遊了哈爾濱、松花江等名勝，有他們二人導遊，我和安安省事多了。但他們因臨時有要公（據判斷可能派往台灣協調統一事宜），趕回北京了解任務。我和安安都是第一次遊東北，哈爾濱給我們最唯美浪漫的感覺，難怪哈爾濱贏得「東北音樂城」之美譽，又有「東方小巴黎」盛名，眞是筆墨難以訴說她的美感。我就信手拈來幾片枝葉吧！

這是一座俏麗迷人之城，更實在是「情人之城」，松花江像一條情人的玉帶流過市區，向東而去。沿江長堤和馬路邊栽植高高的白楊和婆娑的柳樹，片片蔥綠，街心花園裡百花盛開，五彩繽紛，雄偉秀麗的雕塑隨處可見，精巧的涼亭格外吸引人。每年的音樂節、冰雪節，更是吸引無數國際歌唱家、音樂家、名流淑女、觀光客……

啊！說不完的美好，住宿服務又特別窩心。沙瑪康和林愛國回北京後，我和安安逕自前來漠河。

漠河當然不如哈爾濱迷人，但你可以感受到蒼穹漠漠，景物漠然那種極地風光，一大早我們在附近的田野散步，早餐後開車前往最北的中俄邊線遊覽，越往北人越少。回到小旅店已是中午了，我和安安躺在牀上休息，台灣歌仍在唱著。

「夜港邊，海風冷冷吹來，呼阮心來悲，出航離開數年，郎君一去無回歸，何時再相見……」

也是一首老台灣歌，歌名就叫「夜港邊」。

聽著、聽著，心自然的靜下來，只做著緩慢溫存的動作，輕吻著她的香唇，含情脈脈，擁抱、柔撫，除了女子歌聲輕唱，淒美婉約，餘音嫋嫋不絕。此刻，兩人世界中竟完全寂靜。只聽到安安均勻的呼吸聲，彼此的動作都那麼輕、那麼慢，那麼溫柔、自然，如行雲、流水般，發生著，並向前、向下發展……

對，向下發展，一隻手已然緩緩下滑，在她大腿內側的柔軟地帶愛撫，這裡是女人僅次於乳房的敏感帶；另一手掌包納她的雙峰，輪流滿足「兩奶」的需要，兩個嘴巴當然是連在一起深吻著對方……

兩隻糾纏在一起的動物，慾火正在燃燒，她時而緊抱住我，時而像一條水蛇款款扭動，口中發出「嗯、嗯」的滿足聲。突然間，她整個人緩緩向下移動，我知道她要做什麼！我也順勢來個「顛倒正面」，這下可眞的「顛鸞倒鳳」了，現代術語叫做「69進行式」。

啊！屋外超冷，牀上熱情如火，但我們並不太激情，原因是大白天的中午幹這種事，慢慢的磨。遺山樂府：「無情六合乾坤裡，顛鸞倒鳳，撐霆裂月，直被消磨。」西廂記：「效綢繆，倒鳳顛鸞百事有。」大概說性愛這種事，宜如絲綢之柔軟，慢慢經營繆籌吧！

我們就這樣磨著、繆著，約幾分鐘吧！又回到「愛神相看式」，她開始用她的舌、齒、唇玩弄我的雙耳，讓我癢到飄飄欲仙……急促的呼吸聲，「啊！嗯！」也分不清發自那一方……她有些焦急，想要得到最後的滿足，她張開大腿，陰道四周已漫溢著愛之水……

慢慢的插入、插入，深、深，深深的插入，性愛藝術進入另一個高潮……低潮……又高潮……

一覺醒來已是下午三點，我們先沐浴再用餐。今天有一個重要節目，是晚上前往漠河最北小村的一個山上，觀賞「神奇北極光」（村民叫宇宙光）。事實上，這裡不會有北極光，但村民堅稱有，我們想去看個究竟，那種光，是什麼光？

黃昏，我和安安各取一躺椅，仰躺著，欣賞中國最北的天空和附近草原、田野景物，此處似與世隔絕。台灣、美國、阿拉伯，世局如何？除非很關心並注意收聽相關訊息，否則你會覺得這世界安安靜靜，沒有任何事發生。

而事實不然，我和安安是在二〇〇九年聖誕節前到大陸，這段時間台灣和世局可謂驚天動地，千變萬化，眞實與八卦並舉。爲使故事更清楚，我簡單回溯做一個交待。在第一集的末尾發生很多事，當時看是「事實」沒錯，但「隔夜」或不久後，整個局面翻轉了，若不澄清，讀者以爲作者無中生有、亂掰！就知道的「現狀」加以描述，無系統性整理，更無查證的工夫和時間。

先交待二〇〇八年台灣島內大選好了。由阿義設計的「抹黑」和「嫁禍」計畫順利進行，另外配合體制內的政治策動所進行「加分工程」（即作弊灌票），尤其「加分工程」，分別由國安會、國安局和調查局掌控進行，確實由綠營謝姓大頭目取得大位，這位大頭目大有來頭，他曾是南部五縣市地下三十六黑幫的總舵主。現在又成爲福爾摩沙大頭目，可惜人算不如天算……

「姦殺台大女生」事件證據不足，案情膠著中，兇手被滅口（動機不明），又傳言是獨派自導自演；另一個「加分工程」也不幸被狗仔挖出，人證物證齊全，引起連續數月全島大暴動。謝姓大頭目眼看壓不住了，只好交出政權，小馬哥接收的是一個已經垮台的政府，已經瓦解、分裂、扭曲且完全變質的野獸社會。

二〇〇九年秋天，有一事頗有新聞性，大家一定有興趣。高雄宣佈獨立，國名「南台共國」已非新鮮事，因爲始終是「夢幻王國」，只是一群阿狗阿貓過過「部長」、「大總統」的癮，都很少任職超過一個月的。任職最久的是一個叫「蘇眞長」的大總統，因爲他是我和燕京山的老同學，所以我比較關心他，本來這也沒啥好寫的，之所以讓人 high，是他和女秘書的戀情曝光，且有性愛畫面被製成光碟，這下 high 翻天了，有內幕消息他和女秘書叫「吳書臻」偷渡出境，去向不明……

整個二〇〇九年的台灣，族群對峙、南北對決、統獨對立，都是無解的習題。但有些習題可能有解，即陳水扁家族和獨派漢奸的貪污案，八年所貪污的台灣錢達數百億之多，阿扁夫婦、子女、女婿、媳婦、黃芳彥……一個個進了牢房。媒體報導指出，還有百分之八十尚未曝光，可怕啊！原來搞台獨是假的，A錢是眞的。

二〇一〇年，才過了幾個月的光景，台灣只能用一個「亂」字形容，「南台共和國」在惡勢力鬥爭中，如風中飄遙的殘葉，中華民國處於掙扎中，阿扁和一票族人仍在獄中。大約是元月底吧！島內傳出一個「天大的密謀」，據聞有獨派年青輩高手，要計謀把阿扁毒死在獄中，其目的可能有二，嫁禍藍營（順理成章），掀起島內暴動高潮，拖垮藍營小馬政權；再把陳致中扶上「新台獨之子」，這部份當然要陳致中配合。另一個目的，阿扁一死，所有扁家的司法案件「自然結束」了。

我聽到這傳聞，立刻想到「死諸葛阿義」和「魔諸葛阿成」，八成是阿義手癢又想幹一大票。去年我最後一次見阿義時，他得意的說，這輩子至少有「三大奇謀」要實踐。前二者是「319瞞天過海案」和「姦殺台大女生嫁禍藍營案」，第三案要使綠營再奪回執政權，機會快有了。我判斷這第三案要拿阿扁的命換來，阿義眞是「雷公點心」又詭計多端，這只是我的猜測。

為配合第三奇謀的設計，加速並加大對藍營的打擊力，計畫在「二二八紀念日」炸毀高速行駛中的高鐵，恐怖啊恐怖！所幸這只是狗仔挖出的「小道消息」，希望不是眞的。

另一個消息是李登輝在三月初，號召「台灣基督長老教會」成員，成立「台灣解放組織臨時政府」，事實上李已經不行了。實際操盤此事的，是一個陸官四十五期畢業，加上長老會成員，但已不成氣候，勿須浪費筆墨了。

還有一個消息值得聽，去年偷渡出境那位「南台共和國」大總統蘇眞長和女秘書吳書臻，竟然在四月間出現在北京，要求中國的政治保護。這麼長的時間他倆藏在何處？成了謎團，突然到北京，他設法連絡我和燕京山，我們未予理會。

近來中國人民解放軍在「第一島鏈」之線，擴大三軍聯合演習，日本自衛隊也處於備戰狀態，南北韓正在談判統一問題。其他國際大環境情勢又如何呢？

歐巴馬就任美國統統至今，已經一年多了。並未改變英美強權和伊斯蘭世界的「零和」對決關係，美國人的心態是想「整碗端走」，他們認爲現在仍有能力整碗端走，何要讓人！

目前局面導至伊朗、伊拉克、阿富汗、葉門、敘利亞等國，都積極升高反美浪潮，驅逐美國外交官，沙烏地、埃及等仍在觀望。美洲也不安寧，加拿大和美國關係處於冰點；而古巴、玻利生亞、墨西哥和委內瑞拉已經成同盟關係，當然美國不甘示弱，表示不惜一戰。

美國雖積極備戰，可能對墨西哥、伊朗同時先發動攻擊，但國內受到恐怖攻擊日越頻繁，也是疲於奔命，近一個月各大城市遭受恐怖攻擊十餘起，規模越來越大。但美國至少仍是一頭「大象」，各國媒體也 high 翻天，形容成「全球螞蟻圍攻一隻大象」，這些「螞蟻」還不包括可怕而無形的回教地下組織，如「蓋達」、「伊斯蘭復興同盟」、「眞主黨」……

另一個有「立即危險」的國家是以色列，因爲美國正忙於自保，也勿須多費筆墨。至於歐洲和俄羅斯似乎平靜許多，英國人越來越不想和美國人共舞。

這是二〇一〇年五月初的兩岸和國際情勢，向讀者簡報交待，我與安安準備到漠河北極村之北端看「宇宙光」，這是什麼「光」？爲何吸引我們去看？

應是五月六日，星期四。晚上十點，我們隨著一群人，有老外，大多是各省的中國人，由本地（大概黑龍江或漠河地區）人引導著，一組一組人馬，已然到達「參觀點」，氣溫很低，大家都有備而來。天空和大地似乎並不太暗，甚至有點微弱的亮度，我和安安牽手緊握著，有時摟她的腰，輕聲細語聊著，兩眼看著北方。

我們所面對的不遠處是一道大峽谷，再過去是高山，領隊的人並無詳細介紹地形，只說來看「神光」，科學家都無法解釋的奇景。

突然間，北方的天空似乎有了動靜，約十一點到兩點鐘的方向，天空「開口」了，開口處慢慢亮起來（雖不太亮，但與四周的微暗形成對比，感覺上比較亮。）再幾分鐘，有彩色光束向下照射。這種光景很像我們在電影上看外星飛碟照下來的光束，只是現在沒看到飛碟（是否躲在雲層後的高空不得而知）！

此種光景約維持五分鐘，天空的「口」慢慢縮小，至完全閤合，那雲層似有電腦操控著。大地回復原來的微暗，但就在這一刻，在極遠處的山谷有微弱光束照向天空，越來越亮，維持不到一分鐘，光束又淡下來，及至完全無光，大地又回到微暗，蒼穹漠漠然，人聲窸窸窣窣。

突然有人高聲說（應是總領隊）：「今晚神光不夠壯觀、美麗，月底還有更壯麗、更久，有七彩變換，歡迎大家再光臨。」

安安說：「天啊！這夠神奇了，像地球人和外星人合演的無台劇。」

我接口說：「科學這麼發達的今天，一定有合乎科學的解釋，甚至不是自然奇景，而是人爲。」

人群中也有很多議論，安安補充說：「人爲必定會被揭發，爲何至今未被人追出原因？」

在回程的半路上，車上新聞播報一則和台灣相關的消息，主播者強調眞實性和詳情在查證中。大要是說，南台共和國臨時大總統陳菊，才上任三天，就被情治系統的女大頭目叫「黑寡婦」推翻，黑寡婦自任大總統，改國名「南台民主國」。

第二天我們看平面媒體也報導此事，另有小報提到黑寡婦是出身酒家的歡場女子，人漂亮又有手段，牀上性功一流，政敵都讓她在牀上變成朋友，再成支持者，她的名字叫「蔡呂花」。這是安安看到的小報，轉述給我聽，不知道該笑或該哭！

在漠河待了幾天，我和安安計畫沿佳木斯、吉林、瀋陽、承德，回到北京。當我們遊長白山天池，正被明淨如鏡的天池水在晴空對照下，如鑲在長白山頂的碧玉，風光奇絕所迷惑，不知身處仙境或人間時，汪仁豪和燕京山等一夥人卻連繫上我。汪仁豪和蔡麗美在法門寺，燕京山和尹月芬在樓蘭，正由汪負責策劃，大家月底前杭州西湖聚會。

我和安安一路南行，快樂的看了每一個經典勝景，總算人生不虛，約一個多星期回到北京。

# 18 亂邦不居大夥西進　杭州西湖創造名器

新聞播報：「台灣方面消息，南台陷於內亂，北台也不安寧，暴力小英蔡英文聯合獨派份子和藍營失意政客，宣佈組成北台人民政府，準備以武力推翻馬政府……」這是最近台灣方面消息，事實上我們已經不太注意了，因爲獨派已發動過兩次政變，都被馬政府鎮壓下來。亂，是台灣的宿命，所幸我們已遠離了亂源，古有名言「亂邦不居」也！

回到北京開始有很多事，有正事有閒事。說是正事未必是正事，說是閒事未必是閒事。倒如，很多政治性（尤以兩岸）是正事，但我們推掉很多活動，當然北大的課是重要正事，也減了很多。

倒是有些閒事成了正事，倒如同學會、同鄉會，以及前往普陀山的準備工作。就在我們積極準備前往普陀山之際，空靈長老和行雲大師也到了北京，原先是經由二位大師介紹，我們到普陀山法雨寺找幻雲法師協助。現在碰到他老人家閉關，要到十月才出關。我和安安覺得也無所謂，晚幾個月而已。我和安安可以有時間在北京走走，有一天我們聊到汪仁豪正在計畫的西湖聚會，我們可以提前南下，在西湖住幾天，她忽然問說：「燕京山喜歡新疆早有聽他說過，汪仁豪去法門寺做什麼?」

我說：「我並不知道他何時對佛法有興趣，到杭州可以叫他報告心得。但我知道法門寺是很重要的佛門聖地，在陝西省扶風縣法門鎮，一九八七年在地宮發現佛祖眞身指骨舍利。」

安安笑說：「他們若有心求法乾脆一起去普陀山。」

我回答：「也許有緣說不定。」

杭州西湖，西湖酒店，五月廿七，黃昏。

來到杭州的第三天，已看過西冷印社、靈隱寺、岳王廟、煙霞洞、虎跑等勝景，但大部份晨昏光景被西湖吸引，悠閒度假，等過兩天大夥兒相聚。此刻，本要到湖濱路散步，賞黃昏美景，卻在酒店房間內被安安躺在牀上的漾態吸引，熱情溫度快速上升……

我如貓捕鼠的輕慢動作接近，情不自禁就「壓」了上去，她雙手環抱迎了上來，兩張嘴巴已然分不開，深深的吻著對方，似乎「前奏」省了大半。

「慢，別急！」她突然說著，但又吻的更深、更急。

「乾脆我們晚些再出去吃飯，看夜景好了。」這是一個示意，我在她耳邊輕聲說，她示好，我們就繼續幹下去，是的！繼續幹下去，就在西湖的明媚助興和我倆的努力，創造「名器」。

內涵與外在俱全，而又有「極品」水平的女人性器，是天下男性最愛的女性性器，是謂「名器」。安安渾身上下散發著「經典名器」素質，所以她的「名器」不須再創造，只須要男人的「開發」，這是一門藝術。用筆難以形容或論述。

「啊！嗯！」她不斷叫著牀，牀似乎也感受到激情快感，也有一種美妙的叫聲。她又喊著，「我要、進來」。進去的時機已到，這裡是了解與溶合女人的唯一「通道」，有智慧的男人深明此道。

爲「開發」名器，我的動作儘量慢，慢慢插入、搖動腰，也不急，前九次淺淺地進出，第十次深深的插入，插到最底的花心，兩個人身體緊貼，進出時用陰莖前端上

下左右地磨擦陰道壁。每當我這樣做時，安安的叫聲換成「噯、噯……」莫約幾分鐘，我有些累，一個翻身下馬，仰躺著，安安也一個翻身，一口咬住「小弟弟」。對啦！她的口交功力一等的，是另一種名器，直叫人欲仙欲死，換成我兩手撫抱她的臉、頰，玩弄她的秀髮並「啊！啊」叫著，也直呼「安，好爽、好爽……」

「安，好爽、爽、爽」我輕喚著，就在射精前，我快速讓小弟弟出來，休息狀態，兩人擁抱著對方，吻著對方每個地方，靜靜的，慢慢的，隔兩分鐘，小妹又來敲小弟弟的門，小弟當然是讓她進來。

我慢慢的插進去，幾回慢幾回快，又幾回深，她的愛之水豐沛，大陰唇和小陰唇豐潤柔軟，緊緊包住陽具的陰道規律的收縮愛撫，越來越快，「啊、啊、啊」她的叫聲加快、快、快，要怎樣形容女人此刻的滿足和興奮呢？難、難、難。應該說兩人的滿足吧！偶爾如兩隻交頸的天鵝，偶爾又如兩條激情糾纏的蛇，兩人的高潮在漲、漲、漲。

爲降低高潮，就在插到最深花心時，我突然中止一切動作，緊抱著安安，隔幾秒，我在安安耳邊輕聲說：「我們創造一座高峰，完成經典名器後，好好去吃個飯，我們去樓外樓享受一個最完美的西湖晚餐好嗎？」

「好。」她說「好」的時候，嬌柔清亮如早晨的鳥叫聲，嘴唇卻仍貼在我舌尖上。

其實是我肚子很餓，似乎能量快沒了。

停不到一分鐘，不約而同的「機制」又啓動了，不是啓動，因爲高潮仍未降到「基本面」。「創造高峰」是我們的牀上術語，表示要使兩人同步完成高潮——收操了啦！

巨大堅挺的陽具如山，又開始在溫熱多水的深谷進出抽動，慢、慢、慢，她如蛇扭動，吻著，手玩撫她挺立的雙峰……一切在寂靜中進行，她的呼吸均勻，卻在慢慢加速中，潛意識吧！忽然兩人上下對調，開始進行「69式」，忽而她在上，忽而我在上……

片刻，又回到常態的「愛神對看式」，我被她扣的緊緊，她「嗯、嗯」的拼命叫，這是她第幾個高潮，我知道，她又喊「要、要、要」，我也叫「爽、爽」……

我示意說：「好，我要開始百米衝刺了。」

我慢慢加快速度，加強衝擊力，四淺一深……三淺一深……從約每秒進出衝捅一次……兩次……此時，那溫柔的女人也變了樣，怎麼說才好……對了，是一條飲了千杯酒的蛇，鐵定是，因爲吻她時我把牀旁備好的紅酒，含於口中以吻送酒入她口中，原是助興，現在她是不是眞有幾分酒意？「嗯、嗯、嗯」叫聲妖嬈，體態嫵媚，鋼鐵也快被她叫軟了……

兩淺一深……她叫聲急促，兩口張開，「啊、啊、啊」喊著，兩眼瞪著上方，兩手緊扣住我，衝、衝、衝，已是不可逆了，高潮在望。

最後三十秒，每秒三插，每插都衝到她最深的幽明內世界，我示意要射精了……五秒、四秒、三秒……啊！這世界整個忽然停了，且天旋地轉……

兩人就這樣抱著不動，不知隔了多久，覺得全身無力，安安提議兩人先洗熱水浴再晚餐。

樓外樓的晚餐浪漫極了，香風輕拂，與西子姑娘沈醉在夢中。餐後沿湖畔散步。花中城藕香居、岳王廟、蘇堤……說不盡秀麗明媚，又挽著心愛的女人，訴說不完的情話綿綿，難怪千古來文人歌誦著：

水光瀲灩晴方好，山色空濛雨亦奇；
欲把西湖比西子，淡妝濃抹總相宜。

西湖向來也有中國男人的情人湖稱謂，身爲中國男人（甚至華人），一生沒帶心愛的女人到西湖度一春宵，引爲一生憾事，是完美愛情的欠缺。而有理想、追求人生圓滿的女人，可能亦如是觀。

兩人手挽著手，就在西湖畔漫無目的散步，也不知道幾點了，應是很晚了，仍有情侶三三兩兩，在微暗微明以微風伴著柳枝兒飄飄，有牽著手的，有擁抱享受香吻的。「這世界永遠這麼美好多棒！」安安忽然輕嘆一句。

「……」我沈默著，不知如何答話。

正當散步要回酒店時，汪仁豪的電話來了，說一切都安排好，後天在湖濱大飯店聚會，大家都到，蘇眞長也會到。我告汪說：「經不起誘惑又搞不清方向，他已和我們走在不同的路上，來幹啥？」

沒想到汪義正嚴詞的說：「人會犯錯，他改邪歸正了，他曾經不起權力誘惑，和我們經不起女人誘惑有何差別？」

似有點弔詭，我一時答不上話，只好說「見面再講吧！」掛斷電話，我說給安安聽，她笑的腰都彎了。過一陣，安安踏著輕慢的腳步，輕唱一首老台灣歌「爲著十萬元」，臨晚風回到浪漫的「船」上。

自細漢就來失去了父母溫暖的愛，無依無偎，流浪走西東，環境所害，所以不得已墜落在煙花界，望天保佑，早日……

浴後，兩人躺在牀上卿卿我我，小飲一點紅酒，我似乎又啓動誘惑（應是雄性衝動力），作勢要把安安制壓在下，就要獻上熱吻……

安安似乎洞析我的企圖，精靈的往旁邊翻一個身，害我撲了個空，她卻調皮的說：「哈哈！撲空了！你不累嗎？」

「大概晚餐吃太補了，精神旺盛。」我說。

「好，先回答我的問題。」她像在談條件。不過我知道她心中想什麼？她一定想引開另一種話題，創造另一局面，所以我說：「心肝寶貝的問題就是我的問題，只管說。」

她展露一絲「詭異」的笑容，然後說：「黃昏我們在享受歡樂時，你說完成經典名器，這『名器』通常指國家給的重要職位，你用『名器』又指什麼？」

現在換我詭異的笑，「這個嘛！是男人的秘密。」我在故意戲弄她，我當然是要說的。

「我們兩個還有什麼秘密？」她神情嬌媚，雙頰嬌紅欲滴，我們確實沒有秘密，「過來讓我抱抱，抱在懷裡聽聲音比較清楚。」我故意打趣這麼說。

我把安安抱著，坐在牀上，搖晃著，像抱一個嬰兒把弄。「我開始講名器了，不要臉紅。」她回眸，嫣然一笑。

「最簡單的定義，能創造最經典性愛，給兩方帶來最高創造發展動力的女性性器，就是名器。這種名器不僅女人自己滿意，也是男人的最愛。例如，可以包住男性陰莖底部的『縮口皮包型』，有章魚吸力可以吸入接近陽具的『章魚陶罐型』，有一種『千條蚯蚓型』很多皺褶可以自在撫弄男人的陰莖，這些是傳說中的比喻。」我像在課堂上講課，一本正經的說。

「定義不夠清楚，因爲所謂女人的性器範圍很廣。」安安也一本正經的聽著、問著。

「當然，醫學上所稱性器有清楚的範圍，但現代新潮的兩性性愛觀，則完全顛覆了傳統與科學。例如，最爽又刺激的口交，嘴巴也成爲性器之一了。」當我這麼說時，內心衝動著，兩手撫弄她的雙峰，她也開始情不自禁。

「那名器又怎樣？那些條件才算具備？」她開始像一條蛇一樣扭動並纏住我。

「所謂名器，以下幾個要件很重要：第一、美麗漂亮又內涵氣質絕佳的女人；第二、最佳的陰道彈性能緊包陰莖並收縮愛撫；第三、敏感反應的陰蒂、豐潤柔軟的大小陰唇；第四、豐富且源源不絕的陰道液，汁液有淡香味；第五是整體對男人產生性的懾受力和媚力。」

「這樣的女人去那裡找？」她突然顯得沈靜問道。

我說：「這樣的女人天底下當然不多，就算有，也要看配合的男人有沒有開發的智慧和能力。」

「你的意思是指名器乃女人性器，但開發責任在男人。」她問。

「原則上是，兩人共創更接近事實，所以世間要找到一對能共創經典名器的男女，眞是千載難逢啊！」我說。

她一臉疑惑問題：「世間眞有這種典範存在嗎？」

「眼前不是眞實存在的一男一女嗎？」我接答。

她微笑不答，嬌媚的體態抱住我不放，我一個順勢把她放平，順著俯身下去吻她，深吻，然後說，「妳正是萬千女人當中，天賦有極品名器的名人。而我，是唯一能開創妳的性器和名器，讓妳我釋放最大能量的男人。」

她送上熱吻，「嗯、嗯」之聲纏抱著，嘴邊又滲出一句不清不楚的字句，「眞——的——嗎——……」

「當然是眞，我爲妳創造名器。」

「爲我們……」

整個世界在渾沌、寂靜中，陰陽渾然交融著，而她是宇內一塊極美的渾金璞玉，無窮的開發樂趣在其中，千年難逢的良緣，在杭州西湖的午夜「寂照」檢證……

啊！中國男人的情人湖，妳爲名器加分，若非西湖，名器定然減分，西湖的夜，與名器融而爲一，天人合一只有西湖夜才有可能。

# 19 前世夢婺源三清山　最後回眸台灣驚爆

杭州湖濱大飯店，五月三十一日，午夜。

二〇一〇年自年初到此時，台灣和世界有很多驚爆新聞，只是我不想寫那些對我們已無太多意義的事。還是我們自己的世界美妙，有趣有意義多了。

前面兩天是一聯串的拜會應酬，包含杭州的文化、文史及民間文藝團體，重頭戲是杭州文聯。大夥兒都累壞了，直到今日晚餐大家才吃一頓自在的飯。餐後聚在房間裡閒聊，同時要議決九月上旬禪宗祖庭之旅，明日大家要暫時分別，各奔西東，各有要事，九月再相見。

晚餐大家都喝了不少酒，但飲茶聊天又隔了幾小時，似乎每個人又清醒了。此刻，已是午夜十二點，都仍沒睡意。四男四女聊個沒完，尹月芬是做事業的人，是四個女人最開放有趣的就是她，她突然爆出一句話：

「眞巧，你們四個男人都把老婆孩子放在台灣，自己帶著心愛的女人在大陸快活！……」她說了停頓，看看每個人，大家笑著看大家，「是啊！是啊！」光說是啊，確沒人有個「合理」的說法。

最少停了三十秒，改邪歸正的蘇眞長「呵、呵」輕呵兩聲說話了。「婚姻制度早已不存在，過時的東西，何況兒孫自有兒孫福，何必牽掛一堆身外事。」他講話的神情語氣完全不同了，像一個頓悟的人。停了一下，他又說一段叫大家佩服的話：

「紅樓夢那段好了歌記得吧！世人都曉神仙好，只有嬌妻忘不了，君生日日說恩情，君死又隨人去了！世人都曉神仙好，只有兒孫忘不了，癡心父母古來多，孝順子孫誰見了？」

大家鼓掌叫好，蔡麗美接口說：「蘇大哥說的好，一切都要放下，追求心中所要，才是自我實現。」

汪仁豪也講話：「對，九月初我們一起實現朝拜佛教禪宗祖庭，包含達摩初祖、二祖慧可、三祖僧璨、四祖道信、五祖弘忍、六祖惠能，他們的傳道足跡最值得我們追隨，基本資料先給各位部份，其他待計畫和協調定案，隨時寄或電話告訴各位。」

因爲待會兒大家各自回房後，睡一大覺起牀就先要各奔東西。幾個月後我和安安要去普陀山是大家知道的，因爲我們和觀音有緣，其他三對分別表示去向。

汪汪說：「我和麗美會先走一趟九華山，禮地藏菩薩，至於工作，可能也在北大，快有譜了。」

燕京山接著說：「我和月芬會去一趟五台山，禮文殊菩薩，我要以月芬的事業爲事業，月芬的事業已轉移到上海，但近日我們仍會去一趟台灣。」

蘇眞長也說：「我和書臻生活沒問題，只是目前身份仍有些敏感，可能在重慶大學有教職缺。我們準備利用時間先去峨嵋山，禮普賢菩薩。」

已是午夜過後一兩點吧！大家有些睡意，互道晚安各自回房，睡個「天長地久」，醒來後便要奔向新旅程。不管這世界亂成什麼樣子，我們仍要過日子，且要過的更好，處變之道在遠離亂源，台灣是中國大歷史長河中，一種宿命性的亂源，甚至是「宿業」，宿業也是一種宿緣，所以是逃不掉的，遠離就好。我正想著這些無解的難題，安安突然問說：

「台灣現在這麼亂，燕京山他倆要去，會不會有危險？會不會回不來了？」她替他們操心著。

我爲安她的心，肯定說：「不會，就算一九四九年那兵荒馬亂的年代，兩岸仍有交通。」

她說：「希望一切都好，沒有意外。」

沐浴後，安安渾身散發著迷人的香味，尤其她又用了法國「懾你」香水，帶著誘媚的香氣迎面襲來，就連柳下惠也受不了，躺在牀上撩人的姿態，讓我睡意全消，俯身下去吻她、抱她，慢、慢、慢……在寂靜中，兩隻開始交纏的動物……撫弄她的雙峰……她突然問道：

「你不累嗎？我怕你太累。」她憐惜的眼神凝視著。

「不會，能創造名器就不累。」我輕聲在她耳邊說。

她未答話，也未吭聲，只是抱的越緊，吻的越深，「嗯、嗯、嗯」滿足的聲音配合身軀的扭動、扭動……胸衣已被我脫除，一手又退去她的內褲，撫弄她的「小妹妹」。「啊！啊！」她大聲叫著……

啊！我和安安在西湖畔，再次創造經典名器，入夢時已不知何時了，管他何年何月何夕，進入一個夢……

正當我和安安完成了經典名器創作，就像兩人聯手創造一個輝煌的戰役，雖使人生昇華至圓滿境界，但確實也累了，兩人相擁呼呼大睡……只記得睡的很深、很久，也不知何時開始有夢。一個如幻似夢的情景流轉，斷斷續續，但感覺上不是夢，確實不是夢，而是我的前世溯源，但年代沒有明確的顯示，人物場景忽隱忽現，關鍵人物倒是清楚。

在入睡很沈很深的情境中，我突然被一個送葬的行列驚醒，我漫無目的在人群中到處晃，每個人都穿著很古老的服飾，還有，我還是一個六歲的小男生呢！

「三王子、三王子！」有人在大聲叫，接著我母親陳夫人跑過來一把抱住我說：「父王祭典開始了，別亂跑。」。啊！原來我是三王子，我看見所有人都穿戴滿身縞素，喪衣喪巾在風中款款拂動，日夜進行各種儀式，大臣們商討擇日出殯的事。父王治理陳國二十年，突然病薨，舉國譁動，耳語不斷暗地裡流轉……

一天晚上，我在宮中玩耍，突然在一個靜謐的房間聽到兩人細聲交談，聽聲音就知道是父王最依靠的兩位元老重臣，國家大事和軍隊都在他二人手上控制著。一個叫陳隨扁，一個李等會。

「事情進行的如何？」李等會不急不徐問著。

陳隨扁說：「都在掌控之內，今晚午夜動手。」

李等會又說：「殯禮要風光，殉葬要尊榮，才不讓人起疑。大夫人、二夫人是一定要賜死殉葬；大王子、二王子出殯後再處理，四十九天後我們擁三王子登基，江山在你我控制之中……」

沈默一下，陳隨扁補充說：「爲彰顯國王建立陳國的豐功偉業，除有兩位夫人殉葬，另有十二位嬪妃們陪葬，都會在今晚午夜執行完畢。」

夜，深深的；大地，蒼蒼然，一幕恐怖的場景在眼前演出，那麼眞實。大夫人、二夫人夜裡被賜死殉葬，哭的死去活來，抵死不從，被宮庭衛隊用白絹強行勒斃，十二個陪葬嬪妃也同樣解決了，早有十四個紅棺備好，棺槨裡裝滿各種金銀寶器。

我嚇的渾身發軟，大喊著：「不要、不要，我不要當國王。」眼前場景突然消失，我在虛空中飄、飄、飄……無止境的飄。（事後註：前面那場景可能是我國春秋早期，或更早。）

虛空中不知飄了多久，似乎在幽明界中追尋什麼！我成爲一個壯年，漫步在一個村莊的溪畔。忽然一女子叫我，「我的好哥哥，等我嘛！人家找你好久了。」

我回頭望望她，問道：「妳是誰？」

她答：「我是你的三娘，你忘了嗎？」

我說：「我想一想，對啦！我有一點印象，這是什麼地方？」

她說：「這裡叫婺源，是全中國最美麗的鄉村，走，我帶你到處走走，再去三清山、龍虎山玩，好嗎？」

我立即回答：「好好，我最愛到處玩了。」

我和三娘開始一段奇異的旅程。我說「奇異」，是這段旅程如夢似幻又很眞實，田間山巒雖有零星的人們，但只在遠觀，大多到近處便如幻影消失，少數和我們擦身而過。而我快樂的叫著「三娘」，並不知身處那個朝代，只覺得挽著前世情人到處玩。

「這裡是曉起村」三娘介紹說：「住有汪氏、洪氏兩族人，這裡群山環繞，氣勢不凡，耕讀詩鄉，像人間仙境，不錯吧！」她說著，露出頑皮的微笑。我們看到古樹、宗祠、村姑、大夫第，溪邊風吹來，有清香味。

轉一幽境見「嚴田村」石碑，遠望田園村舍、老樹古藤、亭台樓榭、古石橋、水車、小溪……村民服飾一看便知唐朝。沒錯！接著到「清華村」，青山如黛，碧水澄清，是婺源縣治，都是唐代開始建置的。清華村中有座彩虹橋，是中國最美的廊橋，建於宋代，附近有一「汪口村」建村於北宋，爲儒商重鎮，我們走過老街、書院、宗祠，好像在千年時空中穿來穿去……

眞的在時空中穿來穿去，當挽著「三娘」時多麼眞實，感受景物的浪漫美麗。但有時我像處於「中陰身」狀態，在宇宙間如幻影般飄，看到秦始皇統一中國的偉大場面，看到曉起村、清華村和汪口村建村時，工人和地方官忙碌景像……時而身處大唐，時而到宋代，看到大思想家朱熹在婺源文公山村講學，碰到岳飛屯兵清華村……

但我心中牽念著三娘，當這一起心動念，我確已挽著三娘在婺源鴛鴦湖散步，感覺實在多了。晚風拂面，在湖邊，走著、走著，星月微明，我們坐在一塊石椅上，我心血來潮問她：

「我親妳一下好嗎？」不知那來的勇氣。

「妳親啊！」三個輕飄飄的字如清風自她口中飄出。我轉身吻她，雙手抱她，撫弄她的秀髮，舌在她嘴中感受到她的溫熱和熱情，多麼溫柔的湖畔，不由得越吻越深，手開始撫摸她的雙峰，在寂靜中，星月見證這千年情緣開出美麗的花朵。

我們情不自禁，緊緊依偎著湖畔散步、擁吻、忘我、吻她每個地方，而她「吻耳、咬耳」功力，讓我爽遍渾身。夜已深深，我們投宿在附近的小旅店。夜是多麼溫馨，最懂情人們的需要，給人滿足，讓我和她了結這千年情緣，或許也是輪迴的結局。

兩人彷彿在虛空中翩翩翻飛，緝緝漫舞，而彷徉無定向，心隨意轉，意隨識流，恍同隔世，竟落足在江西三清山玉虛峰頂。清醒後見身邊一女子，我似曾相識，問她：

「妳是誰？」

「我是你七世情人，你沒感覺嗎？」她說。

我兩眼定神注視她雙眸，心頭一震，似乎洞澈到她內心世界，看見她的靈魂，啊！我的心肝寶貝，莫非是妳，我幾世以來所追所要的情人。一個回神，問她：

「妳叫什麼名字？」

她簡答：「我叫飄飄，我們同遊三清山去。」

我又問：「現在又是什麼年代？」

她說：「現在是晉元帝太興三年，下面是祖逖準備北伐，兵荒馬亂，我們不要下山，山上大科學家葛洪正在研發隱形術，三清山是神仙住的地方。」

「好，飄飄。」她像一塊有強大吸力的磁石，深深吸引了我，我邊說「好」邊牽起她的小手漫步前行。

我們漫步在懸空棧道上，下面深不見底，層雲翻飛，玉京和玉華兩峰在雲端清晰可見。遠處在各種觀、殿、橋、閣等古建築，景觀壯麗。我們由西向東遊玩，到南區，經「巨蟒出山」、「司春女神」、「觀音賞曲」各景，到一處叫「葛洪獻丹」要參觀隱形術研發，但見一「禁地」掛碑，只好作罷。

飄飄快樂的吟著歌聲，漫步在仙境中，「雄奇險峻、清幽秀絕」是我們對三清山的讚嘆！

山上的小旅店，清幽雅靜，沿窗望出，像是到了「南天門」的感覺。夜空清明，在星月見證中，相擁入夢，在夢中，激情深吻，七世之情又在這夜裡纏綿……

不知在三清山纏綿多久，在一個夜裡，當我們相擁入夢之際，有一老者示現，說

「千載良機帶你們到龍虎山看張天師伏魔。」瞬間，老者消失，而我和飄飄已在伏魔殿看張道陵作法，原來我到東漢親見道教的創立。但我和飄飄對那些儀式不感興趣，爲什麼我倆對各種冗長儀式都不耐煩？？？

於是，我們自己到處玩，天師府裡一派仙氣、萬法宗壇、仁靖眞人碑、道契崆峒、敕書閣、斗姥殿、玉皇殿，到鎮妖井，似見施耐庵筆下一百零八幽魂竄出。而龍虎山，風光秀麗，千姿百態，最出色當屬逶迤曲折的瀘溪河，沿溪有僧尼峰、仙桃石、仙女岩，奇峰妙景數不盡，文天祥、王安石、曾鞏都到此遊覽過，確沒碰到，顯然無緣。

沿瀘溪河群峰，在千尺絕崖間，有春秋戰國時代越人的崖墓群。飄飄見此奇景問我：

「古人如何將祖先棺木葬品懸放斷崖間，千年不壞，其中定有未解謎題！」

我說：「這可難了！」

一天晚上，月明星疏，我和飄飄逛完上清古鎮，覺得有些累了，便早些回旅店休息。浴後的飄飄散發著迷人的香味，那種體香緊緊吸住我每一根神經，她在鏡前梳粧，我忍不住上前抱住她，吻她，她順勢投入我懷裡，相擁，情不自禁的深吻就像今生今世再也沒機會了，只想抓住眼前這一刻，享受千載良緣。我抱起飄飄放在牀上，俯身要吻她……確聽到一個女性聲音，「唉！」嘆一口氣說：「塵緣未了啊！」

那聲音不急不徐，音質清亮，彷若菩薩誦心經。我心頭一驚，醒來坐在牀上，四處顧盼……慢慢回神過來。原來我仍在湖濱大飯店的房間內。房內燈熄的，只有梳粧台前亮著燈，安安正在粧點頭上飾物。她緩緩轉過身來，語帶憐惜問道：

「你終於醒了，你睡了好久好久。」

我問：「現在幾點了？」

她答：「下午三點整，你說了很多不清不楚的夢話，一定是做了奇怪的夢，說來聽聽。」她邊說走過來坐在牀緣，兩眼凝視看著我。

我把這段前世溯源經歷說給安安聽，她聽的入神。我們共同的感覺，這不像是「做夢」，而是千眞萬確的前世，甚至很多世以前的輪迴示現，其中的因果關係不是我們所能解釋。我疑惑的向安安說：

「前世一直出現的女子，三娘或飄飄，應該就是妳吧！相處那種感覺氣氛完全像妳。」

安安微笑點頭說：「我相信是。」

我和安安晚餐後便趕回北京，開始幾個月的忙碌生活。九月初我們一行八人，以十五天完成禪宗祖庭之旅，包括達摩祖師初來的廣州華林寺和河南少林寺、二祖慧可的安徽無相禪寺、三祖僧璨的安徽乾元禪寺、四祖道信的湖北正覺寺、五祖弘忍的湖北東山寺、六祖惠能的廣東南華寺。以及中國第一古剎白馬寺、龍門石窟、永泰寺、大覺寺、沉香閣，大家逐一參訪、研究，莫不驚嘆不虛此行，都說還想再來。

關於祖庭之旅並非我要講的範圍，因此略過。原已改期十月上普陀山，又因種種俗務纏身。延到隔年，二〇一一年的二月底才動身出發。早已要去參觀的「八大山人紀念館」也沒去成，二月二十七日，我和安安已在舟山島快樂了三天。白天遊玩，夜是創造「名器」的舞台，我們盡情盡性的玩了三天三夜，我們講好上了普陀山要盡去「人欲」，潛心修道。

這夜，是最後一夜吧！我和安安放下了人所有的面具，回歸成爲兩隻原始的動物，以本能做愛，是誰吻了誰？是誰在誰的身體進出？是誰滿足的叫著？是誰糾纏著誰？

是「69」還是「96」?是不能區別的,如一種「天人合一」、「物我合一」的境界。

一次又一次、一個高潮接一個高潮……直到湖水乾了,山也倒了……午夜……

第二天兩人醒來已是中午,上船的時間是下午三點。我們永遠記得,是公元二〇一一年二月二十八日,遠離了這個喧鬧的世界,到了普陀山,這裡是觀音菩薩的道場,是另一個寧淨的世界,古稱「海天佛國」的佛教聖地。

正當小船在海上航行,船上電視新聞播報,語氣加重,音量加大,「緊急新聞播報、緊急新聞播報」連續兩次,早已引起船上每隻耳朵樹的高高,突然靜了下來。我和安安也屏住氣聽著:

「台灣地區爆發恐怖攻擊,一列高速行駛中的高鐵列車,在今天下午約兩點,在由北向南行駛快到高雄市區時,突然爆炸,尚未找到生還者,台灣方面正處理中……」

「大約台灣高鐵爆炸後十五分鐘,另一件恐怖政治毒殺發生,陳水扁被毒死在監獄中,獨派指向統派謀殺,統派指是獨派嫁禍……台灣陷入內亂……」

接下來大約有半小時新聞，是轉播許多各國和台灣方面記者的深入分析，禍首及詳情當然不可能很快知道。但關於陳水扁被毒死在獄中，只有自由時報咬定是國民黨幹的。另有蘋果及小報爆料，指向前情治頭子配合阿扁兒子所爲，阿義嫌疑最大。這種事情古今中外歷史上多的是，兒子幹掉老子，動機都是政治利益或其他天大的好處。啊！那個機制又啓動了，統派人馬不會笨到要毒死阿扁，獨派的奪權鬥爭最有可能。奪權又有內外之分，內部指獨派內部奪權，外部是奪國民黨的權，但兒子幹掉老子可能性也很高，激進獨派犧牲阿扁製造大亂也可能。

大約半個多小時電視忽然斷訊，有旅客持收音裝備仍在報導。但我和安安心有靈通，相視而笑，那些已是身外之事，菩薩也不能救台灣，我們就放下吧！

普陀山，海天佛國已然在望。正要下船時，新聞快報：「美國CNN和日本讀賣新聞報導，台灣二〇〇四年爆發的三一九槍擊案，經驗證已確認是陳水扁等人自導自演……報導……林義雄並非自殺，是謀殺，兇手……

我和安安輕漫的腳步，走出船艙，踏上海天佛國，新聞的聲音越來越小，「……

導演被滅了口……」，終於消逝在陽光和微風之中，我挽著安安仰首前行。

# 20 觀自在普陀山驚瞥　廿一世紀海天佛國

普陀山是我國佛教四大名山之一，也是觀世音證道處和她的道場，她曾在這裡化身爲一個窮苦老媼，行托缽教化百姓。普陀山的名氣和故事，相信很多人是知道的。但我們先從地方史料來認識普陀山，浙江東海普陀山山志曰：「普陀一名補陀，華嚴經稱補怛落伽山，蓋梵名也，猶華言小白花云，乃善財第二十八參拜觀音菩薩說法處，傳記稱東洋紫竹旃檀林者是也，在今定海縣之東，距縣百餘里，孤峙海中。」這是地方誌的記載。

今天是來到普陀山的第四天，距約訂與法雨寺幻雲大師見面時間是後天。這幾天我們只是到處走走看看，島上有數十著名寺廟，如文昌閣、梵音洞、南天門、觀音眺、二龜聽法石等，另有佛學院一所。普陀山東南有山路，岩石呈紫紅色，岩石剖面上有柏樹葉、竹葉狀花紋。遊人最多是「不肯去觀音院」、「紫竹林」。

「紫竹林」在普陀山百步沙南，潮音洞西上，正對波光瀲灩的蓮花洋。紫竹林庵

前一片廣闊的岬谷，海天一色，林旁有光明池，南是觀音眺，可遠看洛迦山（觀音初到普陀山的落腳處）。

在紫竹林中有「不肯去觀音院」，昔年有倭國僧人叫慧鍔從五台山請得觀音像，欲回國到此受風阻，乃建「不肯去觀音院」，即觀音不肯去倭國吧！因緣未足。這是普陀山的名勝景點背景，當然，我和安安不是來遊覽名勝看古蹟的，而是來求法的。

普陀山確實是海天佛國，不論觀光客或本地人，可謂人人浴沐佛法之中，深受觀音慈悲之洗禮，走在路上「阿彌佛陀」之聲隨處聽到。記得第一天初到，才上岸不久，在一個街角聚著一群人，聽一個僧人說法。原來是「街頭演講」，我和安安佇足聆聽，那僧人道：

「化煩惱爲菩提是佛教之修學旨趣，六祖大師在壇經所揭示之理，正是化煩惱爲菩提。煩惱是虛妄塵念所生，非人之眞性本性。而煩惱之生乃衆生不能體認世間無常的道理，此即無明，這才是人生痛苦煩惱的源頭。一切苦源自無明造作的貪瞋癡……」

僧人飲一口茶又講：

「佛教教理所在，能觀世間一切表象之虛幻，洞徹世間煩惱苦痛，原來只是心識之無明所造成……」

片刻，我和安安續繼前行，我們聊著「六祖壇經」中的禪宗思想，眞是了不起。安安讚嘆說：

「若無六祖惠能，禪宗中國化可能再晚數百年！」

我接答說：「可能更久，自達摩開始，傳慧可、僧燦、道信、至弘忍，這是印度楞伽宗系統，可謂半印半中的混合體。六祖大師的頓悟禪是融合中華文化慧命，受大乘佛學滋潤，進而完成中國化的『中國禪宗』。所以，六祖大師開始，禪宗才眞正脫離印度禪的色彩，成爲有獨立思想體系的中國禪宗。」

「更了不起，是六祖大師只是一個山上砍柴、煮飯的鄉下人，可見智慧成就和學歷未必有直接關係。」安安讚嘆著六祖惠能。

聊著惠能前行不久，又在一戶人家的庭院（開放式）看見一個老僧對著十餘人講話，聽者似有老外和觀光客。我和安安佇足觀聽，其中一次對我們微笑以手示請我們入坐。我們微笑答謝，仔細聽著僧人說：

「……中陰，是靈魂轉世投胎之前所寄居的地方。生命終止後，靈魂在業力牽引下，走入輪迴之路，去到該投生的地方，人死後在還沒有投胎轉世前，這段境界叫『中陰』，人生前未聞佛法，便不能了知生死因果，到中陰會驚慌，是很值得同情的。當死後處於中陰，而在宇宙間浮浮沈沈時，陽世親友爲他做的誦經、超渡等佛事，對他是一種教化和引導，會影響到他的未來，所以也是一種中陰身教育。」

主持者宣佈休息十分鐘，我和安安因初到要找旅店過夜，未多留步。走著看到一家旅館，但此時我們心中所思所想確是有關「中陰身」的事。晚上在庭中看月，別有一番人生境界，安安仍問道：

「要人相信靈魂不滅，生命不朽，死亡不懷恐懼，而內心充滿光明、莊嚴、自在，是多麼難的事啊！」

我說：「當然是不容易的事，佛法傳到中國已是兩千多年了，多少高僧大德或居士的努力，才有今天的局面。但今天佛教在全中國而言，仍是低落的，仍要大大振興，甚至復興，使更多人知道這生命的輪迴過程。」

我說這段話，安安很清楚，所以她心有同感，她也想對佛法有更深入的理解，才決心到普陀山求法。

初到普陀山這幾天，我們發現另有特別節目。原來中國浙江省舟山電視台拍攝「普陀山古樹名木」專題影片，該片採取「以史帶樹、以樹帶寺、以寺顯樹」的創作方式，透過樹與普陀山、樹與寺院、樹與僧人，以及普陀山在保護古樹名木、建設生態景區，反映普陀山悠久歷史文化和濃厚綠色文化的氣息。也反映古樹名木在普陀山這座自然奇山、文化名山、宗教聖山、觀音道場的影響和地位。

隔日，我們聽說該攝製組已在普濟寺、法雨寺、佛頂山、紫竹林、西天等景區，拍攝上萬鏡頭。最引人入勝是觀世音落足處落迦山和講法處紫竹林，這兩處眞是靈山勝境，不同凡俗，奇花異草，生偏四周，靈鳥迎人舞蹈歌唱，而紫竹林中，霞光雲彩，萬縷幽香，合成千般瑞藹，眞是人間仙境，是我和安安親往見證的奇幻異景，筆墨不能形容。

說到這裡的樹種，更是珍貴，有大香樟、羅漢松、蚊母樹、古柏、銀杏等六十六種，許多是千年以上高齡。最珍奇是有地球上僅存一株的普陀鵝耳櫪，是普陀山的「鎮樹之寶」，也是得天獨厚的資源。

還有，我和安安算是好緣有好運。這幾天正是「第九屆中國普陀山南海觀音文化節」，就在普陀山，世界各地的中國人（含台灣）都包機來參加朝山等活動。整個盛典由舟山市政府、普陀山管委會和佛教協會承辦，觀音文化節活動還包括福建漳州和遼寧大連，兩地舉行的「觀音齋宴」、兩地香客「普陀落迦」海天佛國自在旅遊。就在第三天上午有一段節目我和安安都參加了，原來因緣際會我們碰上「台灣高雄台南普陀落迦朝山團」，格外感到親切，團長叫陳旺來，正好是陳水扁的同鄉。大家很快變成朋友，無所不聊，起先我們感到意外和納悶，覺得「高雄人、台南人」怎麼可能來中國朝山。那陳先生看出我們的疑惑，就爽朗的說：

「其實大家誤解台南人和高雄人，搞台獨不承認自己是炎黃子孫，要去中國化的，是極少數的，都是一些頭腦不清醒搞不清狀況的人。你看我們不都很正常嗎！」

大家笑的腰都彎了，安安呼應說：「是啊！那只少數人，世上總有例外嘛！」

台灣團的「點亮心燈」、「傳燈祈願法會」，是由普陀山全山寺院方丈戒忍和尚主持說法、點燈。一連幾天，還有普陀山文化論壇、普陀山書畫院成立及「心中觀世音」的紀錄片首映。但我們沒有全程參加，因爲第五天我們臨時報名參加一場法會，晚上聽觀音法門演講及座談會，發現有不少老外、不同膚色的人參加，似乎佛教已成國際性宗教，這是好現象。

「楊枝淨水　遍洒三千　性空八德利人天　福壽廣增延　滅罪消愆　火燄化紅蓮　南無觀世音菩薩　摩訶薩　南無觀世音菩薩摩訶薩　南無觀世音菩薩摩訶　薩」

這是「消災祈福法會」起頭，唱的「楊枝淨水讚」，一次唱有一次的感動和感應。法會項目依程序接下來是「開經偈」、「觀世音菩薩普門品」、「大悲咒」、「觀音菩薩偈」、稱念「觀音聖號」、「三皈依文」、「觀音大士讚」及「回向偈」。全程時間約兩小時，經文內容大家未必懂多少，但許多人深受感動，想要痛哭，想必是與菩薩接心有了感應，尤其喝「三皈依文」：

「自皈依佛　當願眾生　體解大道　發無上心　自皈依法　當願眾生　深入

經藏　智慧如海　自皈依僧　當願眾生　統理大眾　一切無礙」

這種唱誦，也讓人感到任重道遠，「發無上心、智慧如海、一切無礙」是怎樣的境界？法會最後有一高僧開示，他講「觀音法門」，先引一段楞嚴經觀音圓通法門・・

爾時觀世音菩薩・即從座起・頂禮佛足・而白佛言・世尊・憶念我昔無數恒河沙劫・於時有佛出現於世・名觀世音・我於彼佛發菩提心・彼佛教我從聞思修・入三摩地……

高僧開示說，觀音菩薩向佛報告心得，稱從聞、思、修（聞聲、思惟、修證）三階段去修持，證入如來的正定三昧，就能達到耳根完全清淨，不起分別。先把握觀音法門，慢慢向內聽聲音，及至一念不生，定力自然增加，念頭自然靜止，到此刻，道體自然呈現，十方世界（整個宇宙虛空）立即洞澈圓明，豈止是天人合一，完全圓滿清淨一體了。

當高僧開示時，室內的千人竟完全清淨無聲，連飛蚊都聽到。高僧續繼說，修持到這個境界，可獲兩種殊勝功能：其一上合十方一切諸佛，自性眞心與過去一切聖賢諸佛，心心相印，同具有大慈大悲的願力；其二下合十方一切六道衆生（天、魔、人、畜生、餓鬼、地獄），與衆生心慮同體。故與一切衆生同樣具有悲天憫人的心懷，不分上下。

法會結束後，晚上另有演講和座談會。內容太多，不一一記述，倒是座談會盛況空前，有老外和其他教派人士參加，主持者是一位叫「不空」的老和尚，據說是一位國際知名高僧，通英、德、法三國語文，專在歐洲宏法，這回專程到普陀山主持多項會議。就在座談會快結束時，有一中年男子用英文發問，不空老和尚也用英文回答。經現場同步口譯，其大意如下：

中年男子問：我叫約翰，來自法國，我研究世界各國宗教至少二十年了，我始終在懷疑佛和上帝有什麼關係？求大師開示。

不空和尚答：這確實是嚴肅的問題，別說二十年，就算一輩子才弄懂也是值得的。我長話短說，分三部份簡答：

第一、從信仰上來分辨：信上帝的人說上帝是造物主，但這觀念漸漸有改變了。因爲教宗已承認達爾文的進化論，上帝恐已非宇宙和一切生命的創造者。但佛教不認爲佛陀是造物主，宇宙和生命的形成是一種因緣關係，即是無常，科學界已證實過。

第二、從證境上說：上帝是天的統領者，雖福報、智慧和力量比我們高，並未脫離生死輪迴，仍會死亡。而佛是完全智慧覺悟的人，是已經脫離生死輪迴的人。

第三、道教的「玉皇大帝」是欲界第二天的天帝——釋提桓因。基督教（含天主教）和回教的上帝，都是欲界第六天的天帝，第六天有兩層，下層是基督天國，上層是回教的天國。

據佛經所說，很多菩薩會示現各地區各教派的天帝（或合該信仰的稱謂），方便保護、教化衆生。不空和尚說完，問那發問者道：

「約翰先生，這回答滿意嗎？」

他起來說：「謝謝。」

「還有其他問題嗎？」不空老和尚環視全場，又說「爭取最後一位發問。」突然一中年女子起立，用德文說，不空和尚也用德文回答，經現場口譯大要如下。

中年女子問：我來自德國，叫俾斯美麗爾，學的是物理，請問天堂、地獄和極樂世界有沒有更清楚的概念界定？

不空和尚答：大科學家愛因斯坦曾說，世間各宗教唯一經得起科學檢證，只有佛教，因爲佛教也是證悟和實踐的宗教，當然有明確的概念界定。佛教的宇宙觀分「三界」、「二十八層天」，三界是欲界、色界和無色界。

首先是「欲界」：有男女淫欲、飲食或享樂等各種欲求，由下而上又分六層天，常行善者到欲界天，這裡的衆生都沈迷在感官快樂中。

其次是「色界」：共十八層天，這裡的衆生沒有一般欲望，但仍有色身存在，修習禪定可到色界，包括修世間四禪所生的有十二層天，外道修無想定所生有一層天，佛教修聲聞法的聖者所生之處有五層天。

第三是無色界：共有四層天，也是修更深的四種禪定而生，這裡的衆生沒有色身，只有意識的存在。注意！這二十八層天（或天堂）的衆生，仍在六道輪迴之中。

但「極樂世界」則永遠脫離六道生死輪迴，生到這裡的人也沒有生老病死。一切

生活必須品只要起心動念就自然出現。這裡是阿彌陀佛的大悲願力所建立的清淨國土，專供修行，故稱「極樂」。

所謂「地獄」，是隨衆生所造的重大惡業，而變現出來令受業報的地方。所有地獄景像，都是衆生自己業力所呈現，令自己感受刑罰之痛而已。

不空和尚答完，問那女子滿意否？那女子微笑稱謝，老和尚宣佈明後天的重要活動即結束會議。

以上是我和安安初到普陀山約一星期的體驗記錄，爲求法而來，其實尚未入門。只能說對普陀山初到的一些了解，因緣際會碰到觀音文化節，但我們期待的是與法雨寺幻雲大師的會面，再做有計畫的安排。

# 21 紫竹林中聽經聞法　到無色界面見蔣公

二〇一一年三月七日上午九時，我與安安在普陀山法雨寺面見幻雲大師。

這是早已經空靈長老和行雲大師介紹，好不容易到法雨寺面見幻雲大師，我與安安未來在普陀山的修行，都希望得到他的幫助。因爲大師出關後，忙於「北京國際佛教論壇」事務，此行暫回普陀山參與觀音文化節，數日後又將回北京，再到歐洲弘法。

只有大約一小時的見面談話時間，客套話就不贅言。大師安排我們分別住男衆和女衆部客房，三、四、五月，有各類研習營、講習班、法會、禪宗和臨濟宗研習會、觀音法門專修、禪淨密共修……選擇項目很多。有的法雨寺主辦，有與別寺合辦，大師要求我們把握時間和因緣，必有精進。

到了七月，有短期出家研修營，大師讓我們參與，也試試自己的適應度，進一步體驗眞正出家人的生活。很多事情「想要」和「實踐」是兩回事，而「實踐」和「完成」有天壤之差，「完成」和「圓滿」更有境界的高低。惟有發心、發願，才能圓滿完成。這是大師對我和安安的簡短開示，也是期許。

就這樣，我和安安分別住進男、女眾寮房，一個研習接一個研習，再也沒見過幻雲大師，只有他的弟子約三十歲的哈佛大學法學博士明光法師協助行政支援，偶爾來看我，轉達師父對我和安安的關心，並說師父去歐洲要八個月再回普陀山。我則專心研習，或在紫竹林參加法會。

我和安安在這三個月，極少有碰面閒聊機會，沒想到佛門功課眞多，經藏浩翰如海。有些課程男眾女眾同堂上課，有些法會也是共同參與，有幾回我們距離很近，她看到我，我也看到她，相視微笑，但那笑意如玫瑰花，眸光如秋水，依然讓我動心。

每次在可見的距離內，兩雙眼神碰觸，依然「放電」，而每回我趕快收回視線，收回念頭，專心聽經聞法。在一次講習班結束的放假日，我們終於有機會兩人私下一起到處走走，聊到這種容易「動心」的情形。安安說：

「這是身心不夠清淨，念六字眞言有用。」安安說著，她停了一下，看看我，接著說：

「唵嘛呢叭咪吽，最高功能可斷輪迴、出三界、證聖果，此咒神妙殊勝，不可言喻，無論男女老幼富貴貧賤都可念誦，不分時空皆可。能一心不亂，身心清淨，只要發心，至誠皈依觀世音菩薩，心緣一境，必與菩薩有感應。」她侃侃而述，亹亹道來。

我也補充說：「是啊！念這六字眞言，即是念觀世音菩薩，即是念阿彌陀佛，亦即是念十方三世一切諸佛。但要身、口、意合一，必須與菩薩等無二，然後可說是一心直指，即身成佛。」

短暫的私下閒聊，她讚美我大有精進，我說她「士別三日，刮目相看」。總之，這三個月的活動歷程眞是很多，眞要全記錄下來，恐怕百萬字也寫不完。我要寫下來最特別的體驗，是六月中旬時，在紫竹林參加一項「淨土念佛會」，我和安安都參加了，竟然我們同時進入一個「境界」，我們不清楚是否叫「禪定」！

一個晚上七點，大衆雲集……全體唱誦「爐香讚」，爐 香乍 爇 法界蒙 熏

諸佛海會悉遙聞 隨處結祥雲 誠意方殷 諸佛現全身 南無香雲蓋菩薩

摩訶 薩……

「爐香讚」是很懾心的一段唱誦，我的位置正好排在禮堂的正中央，與觀音菩薩金色坐像正對著。我眼觀鼻，鼻觀心，兩眼微閉，專心唱誦；有時心念亂跑，兩眼張開向前直視，發現觀世音菩薩慈眉善目看著我，似乎叮嚀我不夠專心，我心頭一震，聽到引導的法師清楚說：

「跪——拜——起——」我行禮如儀，跟著跪拜。大廳內寂靜無聲，右半部是男眾，左半部是女眾，我知道安安也在女眾的某一角落，我很想轉頭掃瞄一下，看看她。此刻，引領的法師唱「佛說阿彌陀經」，大眾也跟上唱：

「如是我聞，一時佛在舍衛國，祇樹給孤獨園，與大比丘僧千二百五十人俱，皆是大阿羅漢，眾所知識。長老舍利弗，摩訶目犍連，摩訶迦葉……」

「佛說阿彌陀經」頗長，要很專心加耐心，但我思緒如萍，似隨風飄來飄去，有時還唱錯了，許久，終於唱到「一切世間天人阿修羅等，聞佛所說。歡喜信受，作禮而去。」表示經文唱完，接著片刻，聽到引領法師說：「坐——」，即「禪坐」之意，又說「坐姿調好」，眾人調整坐好，又是一片寂靜，我用「半跏坐」。又過片刻，有和尚起誦「南無阿彌陀佛……」

大眾跟隨，也一起誦念「南無阿彌陀佛、南無阿彌陀佛、南無阿彌陀佛……」

音聲平和莊嚴，數百男女眾人齊誦「南無阿彌陀佛……」，音量隨著引領的和尚唱，一陣高，一陣低，我謹記之前講習老和尚指導修行禪坐要領，調息、調心、觀想，做到「無雜念、無念頭」，就能進入虛空寂靜的境界，與菩薩接心。所以我專心念佛，此時佛號改成「阿彌陀佛」……

音量提高了，「阿彌陀佛、阿彌陀佛、阿彌陀佛、阿彌陀佛……」似乎念了很久……很久……

不知過了多久，我眼前突然出現一道閃光，彷彿進入一個時光隧道，在虛無縹緲間浮沈翻飛，而極遠的前方有某種絪縕吸引我。過程也似乎短暫的，我出現在一個雲霧滃漫，但遠處有停台樓閣且有微光爛縵的地方。此刻，我意識清醒，心想是不是入定了！或到了那一個世界！這裡簡直是仙境，一個完全不同於人間的「境界」。

更神奇的，安安竟也出現在我眼前，她如往昔那般燦爛的笑容，把這仙境粧點的多幾分活潑喜氣，我更是心花怒放。雙方喊著彼此的名字，然後就擁抱在一起。但就在這時，不遠處隱約有二人，由遠而近飄來，當到近處一看，讓我和安安大吃一驚，非同小可，竟驚的說不出話來，對方先開口說話：

「兩位有情人是千年奇緣才能到此一遊啊！」

誰曉得我和安安到底碰到誰？說了你絕不相信，是活生生的先總統 蔣公和永遠的第一夫人蔣宋美齡女士。我一則吃驚，一則緊張。還沒有回話，尚未回神，大概蔣公看出我的緊張，乾脆讓我吃「鎮靜劑」說：

「眾生平等、凡聖平等，我們現在是平起平坐的。」當蔣公這麼說時，現場立刻有一組看似珍貴的中國式桌椅示現，四人也很自然的坐下。但我和安安又立刻起立，向蔣公和夫人行禮，並說：

「蔣公、夫人好，不知道這是什麼地方？」

蔣公簡答說：「這裡是無色界，第二十七層天。」

我和安安同時驚訝說：「原來如此，我知道了。」

夫人也微笑說：「你們都了解喔！二位是奇緣啊！」。夫人也解釋說，她和蔣公離開人間後，分別到了這裡，至於所謂篤信基督，全是爲和西方人打交道並取得美援的權宜之便，我們信念和業力堅定，所以脫離色身，很快進到「無色界」，這裡便是天堂了。

蔣夫人所言，我和安安完全理解。但我最想問　蔣公的是他未完成的事業「反攻大陸」，是否還牽掛著？我終於較能以平常心（或平等心吧）提問：

「報告　蔣公：您還牽掛著反攻大陸嗎？」

「我的責任已了，中國大歷史有一定的走向，現在馬英九和胡錦濤不正向統一之路走嗎？我和美齡天堂享清福，不須要煩惱這些了，事實上現在也算反攻大陸了。」

蔣公輕鬆的回答，一會兒，他又補充說：

「你們也別再向我報告了，我聽了一輩子報告。」

我和安安相視點頭微笑，安安比我更能放輕鬆，她卻頑皮的問說：「老愛惹你生氣那個毛澤東，現在在那裡？他是不是去到地獄了？」

我正奇怪安安問這問題是否失當？蔣公卻說：

「問的好，那位毛主席啊！他對中國統一，對抗西洋強權入侵依然有功，也算對得起國家民族了，所以他也在無色界第二十五層天，政治鬥爭已是人間事，無關我們在天堂喝茶聊天，他也常來拜訪我……」

蔣公說著、說著，當他說到「他也常來拜訪我」時，大家眼前即刻示現毛澤東，我禮貌的說「毛主席好。」

他回答：「好，大家都好，我們雖不管人間事，但台獨份子分裂祖國叫人不安，陳水扁雖已了結，還有幾個，這些人是新黑五類……」

蔣公打斷他的話說：「老毛啊！你沒聽李登輝、陳水扁他們都說，台獨是搞假的，幹嘛老愛把人打成黑五類，再說搞台獨分裂國家，這種大罪自有因果輪迴機制處理，比你的黑五類有效多了。」

毛點頭說：「對啦！但怕他們搞假成眞。」

蔣公又說：「放心，他們沒那個能耐。」

大家在無色界聊著統獨問題，蔣夫人也認爲不須多愁，因搞台獨分裂國家民族、漢奸、敗類，不僅得一身臭，最後都去了地獄，不信你們看看秦檜、汪精衛、陳水扁等人，現不在地獄煎熬嗎？蔣夫人這麼說著。又啓動安安的好奇心，問蔣公說：

「西安事變綁架你的張學良在那裡？」

蔣公正要說，毛主席卻搶著說：「那政治白癡啊！我得感謝他哩！當年他送老蔣到西安機場，還說要送到南京，老蔣叫他不要到南京，他要去，到了南京老蔣和他都身不由己了。公子哥兒老搞不清狀況。」

我向蔣公求證說：「蔣公是叫他不要到南京嗎？」

蔣公說：「是啊！去了就一切都身不由己了，形勢比人強啊！他一錯再錯，自己陷自己於死地之中，還好啦！至少他對中國統一也有功，現仍在欲界浮沈。」

因果輪迴卻實公平而可怕，但不以人間事功的成敗爲依據。例如，孔明在世曾發動五次北伐行動，企圖完成中國統一。鄭成功收回台灣準備北伐，眼前蔣公的反攻大陸大業也未完成，另外岳飛、文天祥等不都是嗎？當大家聊到這些民族英雄，他們都一一示現在現場，一時熱鬧了起來。反而是秦檜、陳水扁些人，自己以爲大功告成，卻逃不了下地獄的因果判決。

正當大家聊著天堂地獄的事，我本想向岳飛、文天祥請教他們的歷史疑案。蔣夫人正好也開口說話，且直指我和安安，我倆趕快樹起耳朵聽，她說：

「你二人的組合是一種奇緣，以你們的修行和功德，照理是到不了無色界的，你們到此只是極短暫的停留，但因你們的奇緣中帶有使命，應仍有機會參訪地獄，最後把你們在天堂和地獄所見，向世人宣說，只可惜……」

蔣夫人語帶保留，似乎不好說。蔣公就直說：

「你們兩個要在人間修行很久，也可能游走於三界，很久以後才會到天堂永享清福，除非有很大的功德福報或因緣……」蔣公說到這裡時，門口的金童玉女來報，說是唐太宗、明太祖和包青天來訪……

而此刻，我眼前景象立即消失，聽到大眾念著：

願生西方淨土中　九品蓮花爲父母
花開見佛悟無生　不退菩薩爲伴侶

我意識回神過來，片刻，聽到上座的長老開示，我一面想著剛才的情境，想著安安和我到了無色界，一面也聽著：

「大家好好奉行觀自在菩薩的教法，觀照這個色身色法同性空的關係，道體自然呈現，十方世界立即洞澈圓明……」

但我似乎也不專心聽講了……因我急著等法會結束，利用空檔找安安求證這段「無色界」歷程。

「恭送和尚。」大衆齊誦。

和尚的聲音傳來，清澈如下的三個字：「不相送。」

法會結束後，我利用放香時間，找到安安，一碰面看她的微笑便如「靈山拈花」，全都了然於心，但我們心頭有些沈重是蔣公那段話，安安最後安慰說：

「蔣公說的也不是定論，他也說功德福報可以改變，因緣就可能改觀，所以我們要用功。」

我答：「是啊！要用功。」

因爲我實在太久沒有私下與安安獨處聊聊，在我強力要求下，不顧後面的功課，

到外面散散步，我們走在光明池、潮音洞之間，訴說這幾個月對她的想念。

二人也相互共勉，絕不動搖求法之心，並決定參加不久後的「短期出家研修班」，試試自己能耐。

晚上，我和安安利用時間找到明光法師，他雖年紀青青才三十幾歲，又是哈佛博士，但如今已是佛門龍象。我們向他說明法會時進入的情境，他說這是很難達到的境界，他修行十餘年仍未達到。因爲要通過色界十八重天（即二十七重天），名叫「無所有處天」，普陀山高僧證實過，便是他師父幻雲大師。

對我和安安能到無色界，明光法師認爲比較不像禪定，他最後說了一句頗讓我們疑惑的話：

「禪定是完全的內修內力，其間必有外力介入，眞是奇啊！」

事後，這個疑惑老我和安安心中打轉，「外力」指的是什麼？或是誰？誰要我們去無色界？用意何在？？？而　蔣公那句話，「你們兩個要在人間修行很久，也可能游走於三界……」他在說什麼？他怎會知道我的未來？他除了是「蔣公」，他又是誰？

而我又是誰？疑惑越來越多……還好，安安是一顆「定心丸」，她說：
「別煩啦！放下吧！船到橋頭自然直，專心修行，好好準備短期出家研修營的功課，答案該出來時自然自己現身。」
「對，大師不常說活在當下嗎？當下是用功的時候，就專心用功。」這一想，我頓覺心海寬闊，精神清爽。

# 22 地獄參訪實況簡報　貪腐搞獨地獄招感

「動作快，跟上隊伍，不准回頭看！」黑、白無常例行公事，一臉陰森森毫無情感的語調，我看四周人群至少五十之衆，男女老少都有，老者居多，大家都默默無言，跟隨隊伍前進。

我跟在一個年青人後面，隊伍在荒山小路走了很久，之後經過一座橋，橋墩兩旁寫著「奈何橋」，再不久到了一座宮殿式住宅的大廳，廳中一張桌子放著牌子寫「點收官」，黑白無常把帶來的人一個個點交給他。接著輪到我，那點收官問：「你的飯呢？」

這時我才發現別人手上都端一碗飯，我卻空手，於是回答：「什麼飯？」

點收官說：「當然是你的腳尾飯。」

「……我……」我一臉茫然，說不出話來。

此刻，附近另有一官員立即過來說：「你時間未到怎麼來了，快送他回去。」又有一服務員原路送我回來，過奈何橋時我心驚念著「心經」：觀自在菩薩，行深般若……這一念，人便醒了過來。

這是我最近做的第二次同樣「夢境」，我不確定是不是夢？或潛意識活動！或其他象徵意義。正好有一法師是精神科醫師出家，有心靈精神科學背景，我請教他，他說佛洛依德的潛意識和夢的解析，早在一九六〇年代就被推翻了，當代精神科學的重點在腦部，是一種腦部「不平衡」的現象。

這位法師醫生叫證岩，年約六十開外，竟然是台灣高雄人，早年曾從事「巫醫」。但他也從佛法角度解釋，認爲可能有「不可思議」的力量牽引著我，或「日有所思夜有所夢」也是合理的解釋。

所幸這夢沒有出現第三次，久而久之，我也就算了。七月中我和安安依原計畫參加短期出家，這個班隊的全銜是「普陀山二〇一一年第三梯次短期出家研修營」，時間從七月十七日到二十七日，爲期十天。

七月十七日晨六時，在大堂「雲居樓」出家典禮，男女眾合約千人，眞是盛況空前。我的法名「本肇居士」，安安法名「易安居士」。

大衆雲集——禮佛三拜——迎諸和尙——爐香乍爇，法界蒙薰……南無本師釋迦牟尼佛（三稱）——般若波羅蜜多心經……

和尙問：諸善男子善女人，我今有話問汝等，汝等要一一如實回答。汝等善男子善女子，今天自願發心皈依佛，以佛爲師，盡形壽不皈依外道天魔，汝等能做到否？

大衆答：能。

……

和尙問：諸善男子、善女人，汝等既已出了家，並發了大願，當於戒期中，嚴守戒律，認眞學習威儀規矩，來朝再爲汝等秉宣授戒，汝等能依教奉行否？

大衆答：依教奉行。

……

恭送師父回寮——禮謝諸位引禮師父頂禮三拜——。

一小時的出家典禮圓滿完成，此後的時間全天功課滿滿，連續十日，早齋、晚課、講戒、懺摩、禪習、修持、讀經、演禮、禪淨修持與觀音法門，乃至中國佛教發展史、

名相釋疑等，沒有一分鐘是閒著，若要把這十天做完整的記錄，可能要幾十萬字。所以這部份省略不記，畢竟講經說法也很枯燥，我要寫的是第九天晚上「地獄參訪記」，我終於對自己的「天命」知道了一些。

第九天的晚上，已開大靜（佛門用語：就寢）一段時間，我已快昏昏入睡，在朦朧之境，眼前一道微光，觀音菩薩示現，她慈悲如母親的聲音說：

「本肇，你去了兩回都不得入門，因緣時機未到。現在我已知會地藏菩薩，他會發給你倆『地獄參訪特別戶照』，要把戶照掛在胸前，可在各層地獄通行無阻，並得應有的禮遇，你們去吧！完成你們的天命。」

……

現在正經過一個荒山小徑，四周閃著青綠幽光，我和安安跟隨黑白無常所帶領的隊伍，一路前行，不久經過一條河，河水似幽幽泣鳴，旁邊牌子寫著「幽明河」三個大字，另一行小字標示「不回頭河」。

隊伍中每個人都沈默不語，看得出心情沈重，黑白無常不時吆喝著，但對我和安安卻很客氣，想必是「特別戶照」的關係。不久又到了「奈何橋」，大約是黃昏前吧！隊伍停在「閻羅王城」城門前，早有兩位官員迎接我和安安說：

「代表地藏菩薩歡迎二位，一路辛苦。」陰森的臉上有一絲笑容，但四周景物依然陰黯森嚴，氣氛依然詭異陰冷。我們被引導進入一個寂靜而有微弱光線的通道，片刻到一個類似「簡報室」的空間坐定。

四下無人，官員也不見了。我和安安正襟危坐，屏住氣息、等待，又片刻，正前方出現幻影，然後有聲音：

「地——獄——簡——報——」聲音緩緩傳出。因簡報冗長，有地方影像和聲音不清楚，我和安安並未能全記住。以下只是部份的「地獄簡報」記錄，虛線表示中間有漏或不清楚。

……

聖女又問鬼王無毒曰：地獄何在？無毒答曰：三海之內，是大地獄，其數百千，各各差別。所謂大者具有十八，次有五百，苦毒無量。次有千百，亦無量苦。

……

若有眾生不孝父母，或至殺害，當墮無間地獄，千萬億劫，求出無期……種種造惡，如是等輩，當墮無間地獄，千萬億劫，求出無期……

摩耶夫人重白地藏菩薩言：云何名爲無間地獄？地藏白言：聖母！諸有地獄，在大鐵圍山之內，其大地獄有一十八所，次有五百，名號各別，次有千百，名字亦別……獨有一獄，名曰無間……拔舌耕犁，抽腸剉斬，烊銅灌口，熱鐵纏身，萬死千生，業感如是……

又五事業感，故稱無間。何等爲五：一者，日夜受罪，以至劫數，無時間絕，故稱無間。二者，一人亦滿，多人亦滿，故稱無間。三者，罪器叉棒，鷹蛇狼犬……苦楚相連，更無間斷，故稱無間。四者，不問男子女人……罪行業感，悉同受之，故稱無間。五者，若墮此獄……除非業盡，方得受生，以此連綿，故稱無間……

無間獄外，有阿鼻地獄、有飛刀地獄、有夾山地獄、有鐵牀地獄、有剉首地獄、有千刃地獄……拔舌地獄、剝皮地獄……

仁者，如是等報，各各獄中，有百千種業道之器，無非是銅、鐵、石、火。此四種物，眾業行感。

……

以上是「地獄簡報」的部份內容，漏掉很多，事實上這些內容我都清楚，「地藏菩薩本願經」白紙黑字寫著。參訪地獄的目的是要看「實景」，是我倆代表世人來「驗證」，我轉頭在安安耳邊輕聲說我的不耐煩，安安也輕聲細語回話說：

「少安毋躁。」

當安安一說完這句話之同時，前面影像即消失，稍微有微弱光線，但仍是陰森森的感覺，沒有相當修爲定力的人，早已嚇的六魂無主。片刻，現一年青女子，臉色陰青，面無表情說：

「請—隨—我—來—參—訪—十—八—重—地—獄—。」

當她說完，我和安安起身隨她進入各層地獄，因爲地獄實太多太廣闊，如無間地獄、阿鼻地獄。於是我們只好參觀一般世人最常聽到的十八地獄，以下是此行地獄參訪簡記。

十八重地獄乃阿鼻地獄所附設，先入第一重地獄名「光就居」，這裡的人成天砍殺，不論怎樣殺、殺、殺，都不死，無休止的互相撕殺，遍地到處是血。第二重名「居虛倅略」，這裡的慘和苦是一重獄的二十倍，再入越深重越是悽慘痛苦，刀山油鍋破肚難以形容了。第三重「桑居都」、第四重「樓」、五重「房卒」、六重「艸烏卑次」、七重「都盧難但」、八重「不盧半呼」、九重「烏竟都」、十重「泥盧都」、十一重「烏略」、十二重「烏滿」、十三重「烏藉」、十四重「烏呼」、十五重「須健居」、十六重「末都乾直呼」、十七重「區逋途」、十八重地獄名「陳莫」。

這十八重地獄中，每一重分別又有十八隔，從寒冰獄到飲銅獄止，共有三百四十二隔。洽巧我們在十八重獄「陳莫」，看到陳水扁仍慘叫著「我沒有罪」，慘不忍睹啊！當然也看到歷代惡人如趙高、秦檜及早年一些「台獨健將」。我們問看守的獄卒：

「關這麼久，刑期何時結束？」

那獄卒手握一把冷亮的利刀，準備割趙高的肉，冷冷的說：「千萬億劫，求出無期。」一聲慘叫——。安安壯膽問那年青女子導覽員：

「這算世間最重的罪嗎？」

她稍加解釋，意思說極度貪婪、腐敗、分裂族群造成對立撕殺，給人民帶來苦難，是重罪中的重罪，都在這裡，所以，包含發動侵略戰爭的倭奴國東條英機、山本及其天皇也關在這裡，就在十八重獄的第九隔，問我們要不要去，我們說不用了。

最後那年看女子導覽員說我們快沒時間了，帶我們看無間地獄的附屬機構「閻浮未來地獄」。關進這裡的罪人，說滿亦滿，說不滿亦不滿，事實上空無一人，因爲這裡的「人」尚活在人世間，隱約中有人像閃爍，是那人在世間的行爲感應出來，壞事做多感應很強烈，死後必因業招感前往各地獄報到。

仔細看，還眞是「像滿爲患」，再仔細看，天啊！人像旁有姓名，很多是我們知道的。如莊國榮、謝志偉、李登輝、余天、路寒袖、陳菊、杜正勝、謝長廷、葉菊蘭、李遠哲、李鴻禧、游錫堃、呂秀蓮、辜寬敏……眞是看不完，當然陳水扁家族中污錢的也在這裡。

據這位導覽員說，影像示現只是一種警告，若當事人在陽間又幹了好事，影像又會消失。例如許文龍原先也有，後其言論有利族群和諧，故影像人名具已消失。最奇的是馬英九講「任內不談統一」，他便因業招感，影像便在這裡顯現，後來全面啓動三通，對人民有利，影像又消失。

我們又看到了一組很奇怪的影像，是美國布希、英國布萊爾、日本石原……這些外國人爲何也來了？導覽員說國別教派只是陽世人們的區分，陰界是不分的。試問，同樣的罪惡，因不同國別或教派，就不須下地獄，還有一點道理嗎？

說的也是，我們本有更多問題，但導覽員說時間已到，晨四點前要送你們過奈何橋，五點前要過幽明河，否則戶照失效，你們便回不去了，後果很嚴重。

年青女導覽員一路送我們出境，她現在看起來已不那麼陰冷漠然，想必是有緣相處的情份吧！一路也聊著，原來她在陽世姓張名美麗，也是當導遊的……

到奈何橋……過幽明河，到河岸我和安安正想向她說謝謝，她卻已無影無蹤。我牽著安安的手，晨風涼爽，向遠處的燈光前行。

「邦——邦——邦邦　邦——邦——邦邦……」打板信息，叫戒子們起牀，「準備早課」是引禮法師傳來的聲音。我又回到陽間，地獄情景記憶如新，短期出家今天結束，現在我更清楚自己的天命了。

# 23 塵緣難了逐回台灣 過時空二〇七九年

二〇一一年八月五日黃昏，紫竹林前。

短期出家研習營功課之緊湊是有名的，從早晨五點，到藥石、晚課、開大靜，通常已是晚上十一點多了，眞是無片刻閒著。

幸好，研習營結束有幾天空檔，但也不是完全自己可以運用，有兩場法會要參加，有普陀山全山寺方丈戒忍和尚在祈願點燈說法。至少可以有空檔輕鬆一下身心，更重要也是我心中所想，可以和安安多見面，聊聊天，一起散散步。

今天下午，我們相約去看了地球僅存一株的普陀鵝耳櫪，眞是驚爲神奇，爲什麼地球上僅存一株？爲什麼就在普陀山，「緣起法」吧！

此刻，又是黃昏，我牽著安安的手在紫竹林前眺望岬谷，這段難得的空閒，我們除參與法會和聽大師講法，偶爾也躑躅於岬谷附近，不同於白天的海天一色，現在是夕陽霞光萬道，波光對海面的反射，成淡彩瀲灩的蓮花洋。若從光明池、觀音眺望出去，則可遠觀洛迦山，正是觀音菩薩初到普陀山的落足處。

兩人手牽著手，靜默無語，賞這黃昏美景當是無言勝有言，又晚風徐來，心情舒爽。不遠處有零星是遊人在曖曖晚霞之中，越來越矇矓。我突然問起一句話：

「安安，現在妳心中在想什麼？」

「想——……」她聽我突然一問，腳步停了下來，抿著嘴笑，只說一個「想」字，支唔一陣然後說：

「你猜猜。」

我說：「猜不到，說說看，和我想的一樣不一樣。」

「我想——」她又躊躇一下，說「我正在想著觀音菩薩初到普陀山時，這裡是什麼景像？還有，她爲什麼選擇來普陀山。」

「是嗎？」我回答：「看妳說的臉不紅氣不喘的！」我是有意逗弄她，在這寂靜的二人世界，心靈相通，就是一種享受。

她反應也快說：「現在已經這麼昏暗了，你也看不出我臉紅，我們輕鬆散步當然不喘。」

她果然理直且佔了上風，得意的笑說：
「那你在想什麼？也說來聽聽嘛！」
我說：「妳猜。」
「猜不到。」她直接了當擺明不猜謎語。
這時已天色昏暗，只見遠處燈光，我倆雖面對面站著，卻已看不清楚對方表情。
我兩手搭在她的香肩，感受到她肌膚的細膩柔軟，聽的到她均勻的呼吸，我輕聲說：
「我想妳。」
她嘟起嘴巴，一本正經說：「最近我們常碰面，有什麼好想的，現在不是一起嗎？」
我加重語氣，再說：「現在我想妳，想要吻妳。」
她支唔一下：「這——不好吧！」聲音輕細的我快要聽不見。
我擁她入懷，吻她，起初我感受到她半嬌半倦的矜持，那股半推半就的猶豫，維持不到三秒鐘，情緒已然潰決而緊抱著我，把櫻唇張開，把丁香送上。
慢慢的，輕輕的，柔柔的吻著，雙方都沈浸在無我的享受中，一股暖流自口舌傳

到彼此的心海。蒼穹不語，大地無言，就這麼自然發生著，這是怎樣的情境？又是怎樣的境界？又要怎樣解釋？不須解釋吧！一朵花開要解釋爲什麼開花嗎？我不會詮釋！花也不會。

啊！多久了？自從今年「二二八」上普陀山，有多久沒有這麼深入品嚐這株世間奇花，假如這株極品奇花再也沒機會讓知心人品賞，難道再等千年？而她的存在意義又是什麼？？

就像這株地球上僅存一株的普陀鵝耳櫪，若無人觀賞，想必生存意義也失色許多。

也許男人是彆久了，輕輕的吻不夠，深深的吻，激情的，兩手開始不乖，撫摸她的酥胸，雙峰依然挺立而有彈性，今天特別清爽，微風徐來，她的舌、我的舌，在一個溫潤的世界，交融傳情，緊緊的相擁，不知下一步是怎樣，任其如流水吧！

如水往低處流，手往下發展探索，她開始情不禁的扭動身軀，「小弟弟」和「小妹妹」已在升高衝擊力，也許下一秒兩人便原地「放倒」，啊！這世界又要改觀。

正當兩人就快要「放倒」，世界又要改觀之際，安安猛然一推，此刻兩顆火熱的星球距離不過十公分吧！彼此聽得到對方心跳，起伏的喘氣聲，星月仍有微光，大地仍是一片寂靜，雙雙無言，片刻，她說：

「我們的天命！晚上的禪修不能缺席！」她的聲音輕細的，冷靜的，理性的。

這一刻我要說什麼？我確實不知道要說什麼？自從禪定（想是）入無色界及地獄參訪後，我以爲我比安安理性，並更了解兩人的共同天命，但此刻她卻比我理性，她更清楚與牢記天命。不知靜幽了多久，我才有氣無力的回一句話：

「啊！對了，天命，禪修不能缺席。」

晚上的禪修從八點開始，先有長老說法，不知怎的！大廳內靜如空無，我卻聽不清楚長老講什麼？……勉力收心，隨大眾唱誦：

爾時。無盡意菩薩，即從座起來，偏袒右肩，合掌向佛，而作是言：世尊！觀世音菩薩，以何因緣名觀世音？佛告無盡意菩薩：……

……佛說是普門品時，眾中八萬四千眾生皆發無等等阿耨多羅三藐三菩提心。

終於「妙法蓮華經觀世音菩薩普門品」唱誦完畢，似乎過了很久很久，爲什麼今晚的心收不回來？難道那顆心還在黃昏的溫柔風中嗎？「不行。」我在內心這樣告訴自己，「一定要把心收回來」。

跏趺——挺胸——結法界定印——放鬆兩肩——舌尖微舐上顎——閉口——眼微張——調息——調氣——調心……

我一步一步來，期使自己進入禪的境界，但當我這樣自我要求，卻開始心煩意亂，心想這些基本動作幾個月來已成爲一種生活，何須再自我要求呢？簡直是多餘的，就坐著吧！啥都不想……

啥都不想……坐著……但我想到達摩東來時，在少林寺問和尚那句話：「坐著，能成佛嗎？」天啊！那我坐在這做啥？……罪過！罪過！今晚雜念妄念何其多！「心」離身了，去了那裡？？？

禪修終於結束，看手上的錶是晚上十點二十分，今晚不是用「修」的，是用「熬」的，隨大衆走出廳門，該是回寮的，我渾渾噩噩的走著、走著……

走著……時而數著天上的星星，時而迎風拂面吸一口涼氣，卻沒睡意，走著……突然我發現自己怎麼走近了安安的寮房，而我在三十公尺外的一棵樹後，隔窗可以看清她的動靜，她似已沐浴剛畢要就寢了。

我的一顆心——沒有砰砰的跳，我靜靜的「窺視」她，燈光下的她，臉龍清晰，泛著皙白的光澤，她沒有關燈，卻先坐在臨窗的書桌前，在讀什麼？

「邦、邦」是值更巡邏的打板聲，提醒戒子開大靜，我壓低身子躲在樹影中以免被人發現，值更走遠，我踮起腳尖，走、走、走，很快走到安安的寮房前。

「砰、砰」我刻意小小聲敲她的門。

「誰？」

「是我。」我壓低聲音。

但她似已然聽出我的聲音，機警的或直覺的，關燈和開門同時完成，「你怎麼可以——」當她一句話沒有說完，開門的瞬間，她的嘴已被堵住——是被我的嘴堵住。緊抱著她，向前一步，把門後推，關上，四周一片漆黑、寂靜，聽不到任何聲音，只有雙方心貼著心的跳動聲……「嗯、嗯……」細細輕微的滿足聲……

多麼深深又多麼滿足的吻，誰都不願讓這一刻停止或脫離，過了多久，她推開我說：

「你怎麼可以來這裡？萬一——」

她話沒說完，又被我摟入胸裡，緊抱著她，吻她，兩人進入一個忘我的境界，四周是黑的，但我能感受她的肌膚多麼細膩、光滑、彈性與明亮，五個月前「男人的感覺」完全回來了。當我的嘴移離她的櫻桃小口，吸吮她的雙乳時，她終於把一句話說完：

「你怎麼可以來這裡？萬一被發現多危險？」

她一面換著呼吸，一面輕聲說著，細如游絲，我仍清楚聽見。但此刻，我的嘴多麼忙，那有閒工夫回話，吮乳、含「苞」，舔她每一處，她情不自禁「啊——啊——」細細的聲音。終於我的第一句話：

「別想這麼多了！」

一陣激情稍緩，我想看看四周，一片黑漆漆，什麼也看不清，能感受的，是懷裡的寶貝，腳下踏的是木板。我慢慢的，抱緊她，扶著她，「放倒」在地板上，我整個人趴纏她身上——不，是她也纏住我全身，不停的扭動，急迫的吻，撫弄她的「小妹妹」，似已「愛水」欲來，她「啊！」的叫一聲，用柔軟的小手抓住堅挺的「小弟弟」，兩隻蛇又纏繞在一起，扭動……

櫻桃小嘴欲往下探索；我也本能的想吸納下方叢林汁液，啟動「69」式進行，創造「名器」吧！

當這本能即將啟動的前一秒，瞬間，眼前示現一片光明，是幻境或是幻覺，然後有淡淡的五彩，一朵蓮花浮現在彩雲之上，觀音菩薩趺坐蓮上，如常之慈悲而略有惱色說：

「你們情緣未了，塵緣難了，你們的天命仍在世間，去了結你們的塵緣與人間使命吧！」——

「去吧！」菩薩思索片刻說。……

我和安安翱翔於虛空中，無盡的虛空……翱翔……一個世界過一個世界……我在後面喊著：

「安安……等我、等我……飄飄、飄飄……」時而是幽暗的虛空，穿過無盡的黑洞……時而是澄明的世界，我看見沙洲快速形成市鎮，城池快速變河海，江河瞬間改道……大地和島嶼沈入海中……

「飄飄——等我——」我拼命的喊。

又進入一個光亮的幻境，飄浮著，似乎不再飛翔了，而沈落、沈落……沈——沈入夢鄉，感覺睡的又香又甜，不知睡了多久，終於醒了，如夢初醒，想著昨夜的美夢，但片刻我慢慢回神思索，不對啊！我不是在安安的寮房內——嗎？此時爲什麼不在安安寮房？？？她人呢？我們不是在一起——嗎？看看窗外，天已亮。

我幾乎用「衝」的衝出自己的寮房，啊！怎麼了？景物全非，紫竹林呢？法雨寺呢？普陀山呢？全都不是了，邊跑邊喊「安安、安安」，無人回應……不久見遠處有居民房舍，又有兩位出家人迎面走來，我喜出望外，趕快上前打聽。

「請問二位師父，這是什麼地方？」

「這裡原先叫大樹島，後叫南島，是台灣州最南端的小島。」二位看我很驚奇，其中一人對我說。

我疑惑「台灣州」是什麼？但我急著先問：

「二位師父是那一山寺？島上有常住道場嗎？」

另一僧人答說：「有，唯一的佛光山紀念寺，是紀念一百多年前星雲大師創辦佛光山的。常住約數十人，男眾在北區，女眾在南區。」

「星雲大師不是還好好的嗎？」

兩個出家人很疑惑，一人說：「他已圓寂半個多世紀了，施主大概有所不知。」

「什麼？才二〇一一年，怎麼他老人家圓寂半個多世紀了？請問現在是何年？何月？」我更疑惑。

另一人說：「施主，現在天剛亮不久，你可能尚在夢中或夢遊吧！今天已是二〇七九年八月六日，早些進屋裡或進地下隔熱室，以免來不及了。」

「是啊！以免來不及了，我們有要公……」

兩位男性出家人年紀約五十開外，說著便趕路走了，留下滿腹疑惑的我。佛光山常住的出家眾爲什麼只有幾十人？今天是二〇七九年！！！進地下室隔熱！？！「來不及了」，什麼意思？？管他！找人要緊。

「安安、安安……」

「明輝、明輝……」附近傳來叫我的聲音。

我們在島的南路一排建築旁碰上了，這時天亮至少半個小時，空地、路上、民居已有人活動，原來她也在找我，她也打聽到一些事，我們述說自己整晚以來所經歷的情境，竟都一模一樣。我們很快又趕回北區，想到原來的地方找那兩位出家人，或見到住持，或任何人均可，進一步求證我們心中的疑惑。

終於找到那兩位僧人，一叫清雲，一叫清泉，我和安安一再求證心中的問題。之後，由清雲師父帶我和安安深入地下室，原來大雄寶殿和廳堂寮房等都在很深的地底層，轉幾個彎，早有人等待引見。

「二位終於來了，昨晚菩薩已託夢告知……」這是見到住持菩修長老他說的第一句話……

啊！終於，我們明白了，我們也相信了，現在是二〇七九年，但二〇一一年乃至之前的事，我們也記憶如新，如同昨日。那麼，我是四十九歲或一百一十七歲呢？而安安是四十二歲或一百一十歲呢？？？

二〇七九年是怎樣的時代？地球還在啦！但世局如何？中國、美國……更重要的兩岸，還有台灣……

二〇七九年的世界，人類尚在，但地球上還有多少人呢？這時的「人」有何不同？社會制度、政治環境、婚姻制度、大地山河……到底怎樣？？？

我和安安被安排暫住男女眾寮房，都在很深的地下室，但我們決定先走出去，先花幾個月了解這個世界，否則我們如何生存？要如何修行？又要如何開啓新世代的新生活呢？

# 24 二〇七九年是何夕 人類歷史存亡關頭

幾個月後。

我們在二〇一一年八月五日，在普陀山睡了一晚，醒來時已是二〇七九年，人卻在台灣最南端的小島，叫南島（原叫大樹島），我們進入另一個時代時空，最先要了解的是台灣，用下面二圖比較說明最清楚。

二〇七九年的台灣經過從二〇一一年後，六十八年的演變，這容我後面慢慢說。

要怎樣說，眞是千頭萬緒無從說起，爲了對這個「新世界」有初步的認識，我

和安安花了三個多月時間，從南島出發、台灣、中國、亞洲、美洲、歐洲，繞了一圈，幸好，中國佛教（佛光山爲主）在世界各地有道場，對我們佛教徒旅行很方便。

客倌一定等不及了，二〇七九年是怎樣的世界，這眞是很難說明解釋。就像廿世紀中葉，美國已是太空先進國家，但仍有很多國家、地區、部落等，仍活在「石器時代」，而你問一九六〇年是怎樣的時代！！

這樣吧！我陳述看到的「現象」，事實上我和安安是很用心，我們除了觀察，也跑博物館、紀念館和先進圖書館，是爲了要知道事情的來龍去脈和因果關係。

我按全球政治結構、自然環境（氣候、人口）、經濟制度、社會制度、宗教、語言、科技、星際發展等，做最簡單的說明。

首先全球政治結構，這裡先講大綱，詳情與演變下章專章講解。美國已經不存在，而是分裂成三十多個國家，美洲以加拿大較強盛，其次是巴西；以色列早已亡國，而「歐洲共和國」已成立；日本也亡了，成爲「中國扶桑州」；南太平洋各島國早已沈入海底；非洲各部落國家正在戰爭（其實戰爭已持續二十年），有智之士提出「非洲合衆國」構想，似乎支持者不多。中國早已是世界盟主，聯合國總部也早已遷往中國北京。其餘造成目前結果的因素變遷，留待後話再述。

其次是最重要也最嚴重的問題是地球氣候，以台灣地區的緯度，上午九時平均三十八度，十一時平均四十五度，下午兩點前都在四十八度上下，據聞赤道兩側數千公里內氣溫更高。換言之，很多地方白天已不適人住，只能在地底深處生活，南北極成爲最適人住的地方。但也因南北極冰層消失，使海平面比廿世紀末高出五十公尺，這等於是人類生存受到雙重壓縮打擊，外加戰爭、瘟疫、缺水、超級大地震和颶風，使得人類廿一世紀面臨許多毀滅性大災難。

許多廿世紀繁榮的大城，如舊金山、威尼斯（沈水底）、利物浦、底特律、墨西哥、東京等，早已成廢墟或沈入水底，許多島國都不見了。這種情形到底怪大自然呢？還是怪人類社會啓動資本主義永無休止的浪費和摧殘？其實人是要負最大責任的。我和安安爲了解地球在這七十年間的變化，曾經求助最先進的圖書館。

以台灣爲例，爲什麼七十年間南半部沈入水底？那些原因使然？我們在加拿大一個號稱當時最尖端，名叫「奈米影光知識庫」的圖書館，裡面沒有像廿世紀的「自然人」，所有服務人員都是一種叫「奈米影光人」，當然整座「知識庫」由奈米電腦操控，位於諾曼維城（近北極圈）北境地底一百公尺。我們進入這地下知識庫，空無一物，似處於有光和影的虛空中，在一個入口處有「影光人」投射在我們眼前，如同眞人。

「歡迎光臨，需要什麼服務？」這是一位年青女性影光人，說的是標準中文，因中文是國際主要語言。

「我們想知道台灣島南半部沈落海底的原因，爲什麼世紀初到世紀末改變這麼大？」我說。

「原因很複雜，有人爲，有自然，你想知道那方面？」她說話神情溫柔動聽，完全不像是「機器」。

「先簡單歸納自然原因！」

「海平面快速上升和超大地震，在二〇一九年春、二〇三四年冬、二〇四八年夏，台灣南部有三次九級大地震，加上其他原因成目前的樣子。」

「人爲有這麼大力量嗎？」我再問。

她語調平和反問：「你們知道蝴蝶效應吧！根據法律文獻資料，歸納近八十年來國際刑警、國際反貪和國際法庭，及北京、日本和台北有關的法院和調查機構文獻，台灣在公元二〇〇〇年到二〇〇八年是由一個獨派組織叫民進黨執政，早在一九九九年國民黨執政時，依科學家的意見，準備利用十年花五千億，來防止南部地層嚴重下陷，已進入執行階段。但次年國民黨失去政權，換獨派執政，八年五千億預算照編，可惜約千億落入黑心商人，五百億落入獨派各民意代表競選費用，貪官也拿走數百億，有近七百億挪做「台獨運動經費」，陳水扁家族污走最少五百億，真正用在防止地層下陷不到千億……」

她像背演講稿一樣，不背完不停的樣子。我打斷她的話說：「妳對台灣很了解，就算千億也有效吧！」

她自信的說：「不光是台灣，我的檔案系統存有地球五十億年來所有的事情。那一千億撥下去，縣市政府乃至鄉鎮又扣去大半，那八年是防止南部地層下陷的關鍵期，過了就來不及了。加上其他可怕原因，台灣南半部在二〇四八年夏那次大地震便完全沈入海底，奇怪的是留下一個叫南島的。」

「原來如此。」

「還有需要服務嗎？」

「讓我們自行到各區看看好了。」

「請自行參觀，各區都有服務員。」

「謝謝。」我和安安齊聲說。

當我和安安說完「謝謝」，那「影光人」立即消失，眼前仍是明亮空虛，空無一物。瞬間，又有另一男性影光人投射示現，微笑用中文對我們說：

「歡迎光臨，請隨我來，參觀先進科技區。」

我們逐一深入了解，把廿一世初以來近七十年的空白補了回來。我們到過巴西、華盛頓民主國、俄羅斯、歐洲共和國幾個新城；亞洲當然中國北方、韓國、扶桑州等，有關台灣詳情後面再說。

以上有關地球氣候和陸地下沈的變遷，最直接的影響是人類的生存，此時我所知道全球人口只剩十億人，而不是二〇一一年時的六十億。越近赤道人越少（住地底），糧食越少；越近南北極人越多，糧食產量也多。戰爭、瘟疫和超級地震雖造成幾千萬人死亡，但形成全球人口剩十億，氣候仍是主因。人口分佈亞洲四億，中國約佔三億，美洲和歐洲各約兩億人。

這十億人當中，包含很多（約千萬）是「不完全人」，何謂「不完全人」？很難解釋，嚴格說來，他們「不算是人」，但都有「人」的戶口，因爲人類社會發展到大約二〇五〇年代，出現很多「科技人種」，簡述如下：

第一種全身「零件」至少七成以上由人造取代，只有腦部是活的，各零件受腦部指揮與配合如自然天成。

第二種腦部已死，其餘皆活或部份活的，科學家在其腦部植入一部奈米電腦，可完全取代人腦並正常生活。

第三種是純機器人，已有思考、判斷力，任職於軍警、保全、看護較多，他們自組「智慧機器人協會」。

第四種「基因人」，是經由基因改造、修改胚胎基因，訂製「所要人種」，專職科學研究。或配合人類執行任務，或滿足人的需要。

第五種是前四種或「眞人」加以強化，以應付特別任務或戰場需要。如以「奈米肌肉纖維」強化可刀槍不入，關節與骨骼強化跑百米只要四秒，甚至成爲「隱形人」。

第六種是「機器情人」，專爲男女性愛需求而製造的「特種機器人」，不僅能和眞人談情說愛，更可以和眞人上牀做愛。任何人只要有經濟能力，便能訂製一個「女人中的女人」或「男人中的男人」，滿足性愛或心理上的需求。

第七種是人和其他動物的「混種」，有的是治療病症，如帕金森症等需要，有的大量使用動物器官，不一而是。

其他如生化人、電腦人、變性人、混種人、複製人……有科學家愛作怪，把動物（如狗、馬等）與奈米電腦連結，通常是植入動物腦部，使牠們能用人類語言表達，換言之，動物能說「人話」。因而牠們擁有部份人權，也算是「人的一種」。

最驚訝是「外星人」已來到地球，二〇七八年春在中國北京，由地球五強（中、俄、歐、加、印）代表，與外星人舉行「星際和平互惠發展會議」。可惜，因特別理由會議秘密進行，外星人長像外界始終不知道，但至少地球上曾經有過「外星人」，也算是「人的一種」吧！

還有，月球住民已經有三千多萬人，火星住民約一千萬人，皆各「人種」都有，且快速增加中。另外，地球五強已在太空及遠至太陽系邊緣建立太空站，包括監獄、工廠、生產基地、轉運站、外星人和地球人合組的太空研究站等，「眞人科學家」至少有三十萬人，「非眞人工作者」至少百萬以上。

所以，看倌你看，廿一世紀的八〇年代，地球上及地球附近，到底有多少「人口」？

經由以上簡單描述，約略知道廿一世紀末可能是怎樣的景像！「婚姻制度」早已成「古物」，據文獻說明，大約二〇三〇年代離婚率是八成五，九成的人選擇不婚，大家流行一種「自由配對組合」，也不生孩子。

若都不生孩子，到世紀末人類豈不絕種！天無絕人之路，只有極少人選擇生育（可由男人生或女人生均行）。另外已發展出新的生育教養制度，有一些人專職生孩子，政府給她優惠金錢，孩子也由「公產機關」負責教養。

到了大約二〇五〇年代，婚姻制度完全消失，但人的性愛需求並未改變，這方面人已得到完全自由解放。有的對「眞人」不感性趣，第一代智慧型「機器情人」已面市，到二〇六五年時，可按自己所要訂製「女人中的女人」或「男人中的男人」，上牀行房的功能和爽的程度，簡直超過「眞人」，到二〇七九年更是大大不同了！

社會型態變，制度必然隨著變，資本主義式的民主政治已壽終正寢，各國政府推行「適合國情的社會主義」。這種演變是爲挽救地球環境，理由很簡單，推行資本主義，人類經濟活動（生產——消費——分配）是不能有效管制的，誰願意被管制？？？若不控管便是環境資源大災難。因此，流行社會主義，有效控制經濟活動，乃勢在必行。

說到這個時代的宗教，也是奇，雖有很多新興教派，信仰人口都少。天主和基督教已經式微，全球信仰人口不到千萬，這可能和世紀初（二〇一一年）教廷承認進化論有關，即承認進化論，當然是上帝之死，其實更早的存在主義已宣判上帝已死。

信仰人口最多也最興盛是佛教，歐、亞、美之洲的佛教人口約是四億，佔全球總人口四成。其次是回教，信仰人口一億多。

說到語言，大家應已猜到，中文已是國際重要流通語言，其次是美（英）、拉丁、阿拉伯語。廿世紀存的少數民族語言，至今百分之九十五已失傳。「台語」只剩南部鄉下幾個老人會說，「日語」只剩北方一些漁民懂，奇怪吧！也不奇怪。

二〇七九年十一月底，我和安安回到台北。

我們又花了很多時間，分別拜訪台灣各佛教道場，花蓮「慈濟紀念寺」有出家人三十多人，中台禪寺有四十多人，法鼓紀念寺也只有二十多人。天啊！佛教在台灣爲何式微至此程度？要如何振興起來？又參訪北、中、南的佛光山道場，諸山長老莫不爲此大傷腦筋。

還是安安聰明，正當大家都在頭痛，她的一句話如醍醐灌頂：

「如果全都信了佛教，各位不都失業了！」

當大家把眼光全投向她，她又覺得怪不好意思的。於是我補一句：

「對啦！越式微我們越有事做。」

十二月底，我和安安回到南島，開始一段很長的平靜沈寂生活，思索我們的天命應如何進行！

# 25 話說全球政治結構　大國興亡七十年間

前節已大略提到，二〇七九年我們回到這個「新世界」時，全球政治結構，美國已裂解成立三十多個獨立國家，以色列早已亡國，歐洲共和國也早已成立，日本成爲「中國扶桑州」，中國成爲世界盟主，當然兩岸早已統一，台灣是特別行政州。而韓國早已統一，南太平洋各島國早已沈入海底。

這是一個簡單的「果」，但那「因」可就複雜了，至少要從一百年前說起，且在這百年演變過程中，有更多的因果和變項。早在廿世末，中國崛起和美國衰落，已是當時政治家、思想家研究的重點，因爲這兩大國是地球之「綱」，一起一落間，牽動著全球政治板塊的移動。例如以色列和日本之亡，加拿大和巴西之興，都與這兩大強權興亡有關。讓我慢慢的，簡潔的，向將走近廿一世紀末的人們道來。

世紀之初全球已有很多動亂，美國與阿拉伯、南美各國幾度瀕臨戰爭邊緣，恐怖攻擊從未止息，國際媒體形容「全球螞蟻圍攻一隻大象」。台灣島內的亂只是規模較小，持續到二〇一二年，還是一個亂字，偏偏這時的歐巴馬決意競選連任，白人極端組織「三K黨」那裡能容忍黑人再幹四年總統，只有一個辦法「幹掉他」……

於是，秋天時，美國歷史上第一位黑人總統在第一個四年尚未結束，被暗殺在現職內。啊！恐怖的黑白衝突，恐怖的內亂開始了，亂、亂、亂……

又偏偏這時，以阿對立衝突快速升高，伊朗、伊拉克和阿富汗三國總統發表聯合聲明：「讓以色列從地球上消失。」以色列以擁有核武發表更強硬聲明，表示不畏戰，惟以國情報部門認爲伊朗即將有能力製造核武，應優先「處理」，摧毀其核武製造設施……

果然，年底以色列先下手爲強，以優勢空軍火力摧毀伊朗核武研發設施，「以伊大戰」爆發，打了一個月，在中美兩國調解下，雙方同意停火，但仍停停打打。二〇一三年春，兩伊與阿富汗三國總統在阿拉伯高峰會的會外會，有一秘密會議宣稱「全面停火、追求和平共存」。以阿果然全面停火，除了美國和台灣內亂持續著，其他地方似乎平靜許多。美國和以色列的情報部偶有風聲傳出，謂阿拉伯世界四強正秘謀一舉消滅以色列，各阿拉伯國家都否認。一天過一天，一年過一年，以色列仍在。

平靜有時是很可怕的，這種恐懼感只有兵法家、戰略家能查覺。亞洲一匹狼、漢倭奴王國日本從廿世紀末，在其野心家、政治家和資本家三位一體的推動，並對人民進行「洗腦工程」，靜靜的幹一件事，「重整軍備、完成日中朝統一大業」。外界反對聲浪雖多，明幹暗幹還是一路幹到底。

原來在中國明朝萬曆年間，倭奴國織田信長和豐臣秀吉向人民建構一個「偉大的使命」，謂倭奴國必須把朝鮮和中國納入版圖，統一成爲「日中朝」的「大日本國」，到我國滿清時更提出「田中奏摺計畫」，謂拿下中國和朝鮮後，將併吞世界，統一全球。

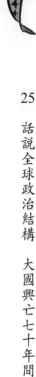

倭奴國的子民被野心家洗腦，以爲是生生世世的歷史天命，必須實踐。爲此，發動三次侵華大戰，第一次明萬曆間中日朝鮮七年戰爭、第二次甲午戰爭、第三次民國的八年抗日戰爭、犧牲無數人命，也誓必完成，從一九四五年兵敗投降到世紀末已有半個多世紀休養生息，他們認爲恢復軍國主義，發動第四次侵華戰爭，完成天命的時機又到了。再者，廿一世紀初葉的國際情勢有利，美國衰落而中國尚未強大到打不倒。

倭奴國的建軍備戰到廿一世開始，他們做的更積極，推翻憲法限制，擴張兵力，重建航母，發展核武，到二〇一七年時，現任首相叫「山本六十一」（據說是山本五

十六的後人），宣稱他們可以一舉摧毀美國傳統武力，可能此刻美國內亂內耗實力不多吧！

亞洲各國當然強烈抗議倭奴國又走向軍國主義，要求中國出面干涉，但都無效。此時中國領導人叫陳浮成，只得宣稱：「必要時機我們會爲世界人民主持公道，做適當而有效的處理。」

大家一定奇怪，聯合國跑那去了，爲何不干涉？告訴你，早已名實皆亡啦！處於停擺狀態。

國際叢林變化常是無理性的，不可預測的。南北韓竟在二〇一八年十月一日統一了，因素當然寫不完，但主要美國已無力干預，中國影響力增加併極力促成。

二〇一九年春，地球上有不少大地震，以美國黃石超級火山爆發最嚴重，死傷無數，都略過不說了。

二〇二〇年的元月一日，地球上一件驚天動地的駭人新聞爆發。前一夜（已近午夜十二時），埃及、約旦、敘利亞、黎巴嫩、伊朗、伊拉克，組成一支百萬精兵，對以色列進行殲滅戰，沙烏地和阿富汗只提供後勤支援。才三天，元月三日晚上，以色列竟亡國了，美國這位「爸爸國」已是扶不起的阿斗，無力保護以色列。

中國只表示願意收容部份以色列國民及猶太子民，以國亡後不久，兩岸完成統一，台灣成為「中國特別行政州」。此時台灣島只剩一群老弱婦孺，人才跑光了。

美國內亂持續著，已有緬因州、弗州、加利福尼亞、夏威夷州、新墨西哥州等近二十州宣佈獨立，政府軍東征西討而無功。且有墨西哥揚言，新墨州以南失土必須收回，這些是十九世紀被美國強佔，但本是墨國領土，惟新墨州強調他們必須獨立，不惜一戰……

二〇二一秋天，美國內亂在各種情勢推移下，演成「第二次南北戰爭」，多數黑人主張先獨立起來，故南方各州要團結，南北之戰於焉形成、持續……

而此時，東方的倭奴王國正在幹啥？當然大家都知道，完成歷代大和民族的「天命」，對中國進行「最後一戰」，即第四次「日中朝」統一之戰。

到十一月的晚上，已是深夜，外面一片寂靜。天皇御前會議正在舉行，天皇飲一口產自中國的烏龍茶說：

「產這好茶的地方應屬於我們大日本國。」像沈思一下又說：「第四次支那戰事只許成功，不許失敗。」

會中另有山本首相、陸軍大臣村山一朗、海軍大臣平西氣使、空軍大臣小林二，另有情報各首長等，大家相對無言，因爲會議已進行一小時，該說的都說了。突然陸軍大臣請示發言，他向天皇一鞠躬然後說：

「前面三次支那戰事，我們先取朝鮮和台灣，這是戰略錯誤。目前我國戰略家都主張直取中國，朝鮮和台灣無足輕重，我們有能力在第一擊就全殲中國兩個艦隊，先斷其手足，其他的一年內就能擺平。」

陸軍大臣語氣有些凝重，其他人表示誓死達成任務，因已很晚了，就先散會。這種專討論支那戰事的會議，原先一月一次，隨著戰事逼近改爲兩週一次，未來會更頻繁。

當美國南北戰爭打的火熱，以色列亡國，日本準備發動第四次侵華戰爭之際，中國這頭大獅子正在幹啥！似乎沒有幹啥！因爲他們沒有對外宣稱或放話等，外界也不知道中國領導核心正在想什麼？但我接觸的人中，他們最常用的一句回答是他們先賢鄧小平說的，「不要太早把頭伸出來。」

是啊！這句話太妙了，時機未到寧願當一隻縮頭烏龜，而不要當一隻「發育中的獅子」，發育也須要平和安靜的環境。但皇帝不急，已急死了太監。

近幾年來，許多國際媒體引歐、亞智囊團報告，稱國際機構中心將傾向中國，世界銀行、聯合國、國際貨幣基金組織等，應盡早遷至北京或上海。中國的經濟規模在二〇二〇年已是世界之首，有儒家內涵的中國式社會主義已成「政治典範」，未來是各國學習的對象。

與歐美各國相較，中國景氣周期和其他國家沒有關聯，從這點也看出，中國經濟不同於世界各地區，而有一定的「獨立性」。對這些報導中國都沒有回應，也不表示中國沒有國際性的大條新聞，蒙古回歸中國便是。

原來從世紀之初，蒙古國的行政和國會體察民意的結果，已有回歸中國的共識，國會也曾三次通過議案，表達回歸之意。懸到二〇二三年七月終於完成回歸，中國以「歡迎回歸祖國、共享中華榮耀」爲主標，發佈新聞以示慶賀。因二次大戰分裂出去的台灣和外蒙古，至此完全回到母親的懷裡，但中國也必須投入幾千億，對這兩個「落後地區」加緊建設。

　　對中國的統一和壯大，美國已經沒有時間痛心，他們正忙著打南北戰爭。最痛心莫過自稱大日本的倭奴王國，因為中國壯大一分，他們完成「日中朝統一大業」的機會便少一分，絕不能容忍。於是二〇二三年中秋節前兩日，天皇的御前會議，各大臣都表示盡早發動對華戰事，偷襲珍珠港是很好的模式，第一擊在兩天內，可以摧毀中國的北、東兩個艦隊，一年內可以完成大日本國的統一大業。

　　二〇二三年的中秋節，人民生活照常，但午夜時，戰爭爆發，歷史上第四次中日大戰。北、東兩艦隊並未被摧毀，據聞中國情報本部已察覺，有所準備而減少損失。

　　戰爭又拖了兩年，倭奴國又陷入困境，而二〇二五年中秋節美國內戰結束，但分裂成幾十國家已成定局，聯邦政府宣佈廢除。各獨立國最強大的是由加利福尼亞、內華達、俄勒岡和愛達荷組成的「加內共和國」，該國承接部份已故美國核武，是多個獨立國中擁有最強大核武的國家，國際上仍有一定影響力。

二〇二五年十一月的一個晚上，有中國、韓國、歐國、俄國、印度、加內共和國等六國領袖，在北京中南海議決「日本問題終極解決方案」，中俄兩個因有廣大的領土，同意戰後接受部份日本移民。

十一月的最後一天午夜，有四顆核彈分別在日本爆炸，前後只在一小時內。北海道一顆發射自韓國，本州兩顆（大阪、東京各一）發射自中國，九州一顆發射自加內共和國。頓時，全日本陷入一片死寂……

才四顆核彈，天啊！每一顆殺傷力都是八十年前投在廣島原子彈的一千倍以上，所以你說日本現在還有多少「生物」？兩年戰爭損失千萬人命，加上四顆核彈，人口所剩不多，或幾千萬吧！無從統計起。

戰後，依六國會議決定方案，日本成爲中國的扶桑州，一半人口必須移民到中國大西北和俄國，開放中、俄、印三國移民到扶桑州。或許這是解決日本問題唯一的方法，相信今後再也沒有大和民族發動的侵略鄰國戰爭。但未來是長期大建設，如何重建扶桑州？如何安頓千萬移民？正考驗著即將成爲國際盟主的中國。

公元二〇三〇年春，聯合國眞的遷往中國北京（應是重建），世界銀行則遷往上海。從此，到二〇七九年，有五十年沒有大型或毀滅性戰爭，世界人民至少可以免於可怕的戰火，但比戰火更可怕的災難帶走更多人命，加上環境鉅變導至廿一世紀末全球人口只有十億初頭。

原因除地球暖化外，在二〇二〇到二〇四〇年，及二〇五五到二〇七四年，這兩個時段內，地球像一個超級大瘋子，大海嘯、大地震、大洪水、超級颶風、火山大爆炸，外加瘟疫、禽畜流感、高溫、乾旱、缺水，若要選「廿一世紀十大天災排行榜」，傷亡百萬以下都不夠格入選。何況現在只是二〇七九年，誰知道世紀結束前還有什麼天大的災難，一次奪走幾千萬人命，誰知道？天也不知道嗎？

再說這五十多年，大型或毀滅性戰爭雖然沒有，各國爲爭水源引起的小規模戰事卻從未停止。無可奈何！生存要水，要水要爭，不爭就死，只好拼命爭啦！爭免不了爆發戰事，戰爭會死很多人，但爭到水源可使更多人存活，這場仗還是値得打。科學家早說過，廿世紀人類爲爭石油而戰，廿一世紀爲爭水源而戰，這是人類的命運。

從二〇七九年望世紀之末，似乎是悲觀的，卻也未必，畢竟人類應是宇宙間很有智慧的生物，科技可以突破困境。我在前節已講過，月球移民已有三千多萬人，火星移民也有一千萬，加上各太空站（城）的幾百萬人。中國、歐國和俄國的太空合作計畫中，預計二〇八二年可望在太陽系邊緣建立第一個「駐人研究站」。科技讓人類看到希望，我們不一定要住地球，還有很多選擇……

廿一世末之前的全球政治結構大抵如前所述，大結構不變，小衝突改變不了大結構。其他如「大和民族復國運動」、「以色列復國運動」，台灣南島仍有台獨份子，這些都是微風細雨吧！給平靜的湖面引幾圈漣漪，不久又平靜下來。

不管你活在那一個世紀，萬年前、現在或以後，仍有永恆不變的，人要生活、要食物、要求、要和異性做愛，要就得打拼，才能過好一點日子，才有能力訂製「女人中的女人」或「男人中的男人」。

至於廿世末人類所擔心的，「電腦人」會控制人類，甚至毀滅人類，放心！地球主掌權者仍是我們「眞人」，可見的未來「他們」仍受制於人。

我用兩章把廿一世紀一般情況，和全球政治結構，概要講了這麼多，相信與實況萬分之一都不到，至少讓客倌知道廿一世紀前半到後半葉的發展過程。最需要知道是我和安安，因我們要面對生活。

# 26 廿年居士禪者生涯　四海為家隨緣渡眾

二〇八〇年元月的一個黃昏，南島海邊看日已沈落，天邊有微弱紅光，但室外溫度至少三十八度。

白天正午溫度高達四十三度，無人敢在地面野外待上兩分鐘，全都躲在地底深處。此刻我和安安南島海邊散步，吹來的風仍是熱熱的。我們牽著手，像兩個小朋友，我心血來潮突然說：

「安安，你記不記得以前做前世溯源治療時，說我們在二〇七九年會成爲夫妻，且在杭州西湖終老？」

「記得啊！」她說話軟綿綿的，「現在不就是了嗎？」說完她又沈默下來。

「也是，現已沒有婚姻制度了。」我答，似乎我現在比安安有更多心事，我漫不經心又問她：

「安安啊！你想不想孩子們？」

「不想。」她竟說的利落。

「或去找一找，他們年紀應不大。」當我這麼說時，

安安答了一句很有禪意的看法：

「在平靜的湖面投入一顆小石子，擴散的漣漪會驚擾到四周生活的小生命，更何況他們早已不在人世。」

她說話雖簡潔利落，神情卻有些惆悵，若有所失，畢竟人是情感動物，不管進步到何種世代，只要是「眞人」，不是製造的機器人或電腦人，人的感情和機器感情必定大不同的。我爲使氣氛快活些，於是問她：

「安安，妳今年幾歲啦！」

她思索片刻，然後說：「四十三歲啦！」

「才四十三，」我故意停一下再說：「妳度過一百一十一年，才四十三歲，但妳看起來三十三歲，性功能和能力更像二十三歲。」

她果然笑了起來，停住腳步，面對著我說：「你這一說，我成了蜘蛛精了，千年不老。」

我沒有回話，抱住她，摟緊她，吻她……今晚海面平靜極了，微風輕吹，聽的到呼吸聲，深吻……青春的活力又回來了。片刻，她推開我，說：

「你過了一百一十八年，才五十歲，看起來像四十歲，有三十歲年青人的性活力。」

「是啊！我倆眞是天生一對，又有共同天命，不能辜負，我們要爲實踐天命而努力。」我說完有些後悔，爲什麼要說的這麼嚴肅。

散步一陣後，大概肚子有些餓，安安說：「我們回家吧！吃點東西。」

「家」，我和安安確實像個「家」了，我們住佛光山紀念寺寮房不久，找到一個地下小社區的小角落當成我們的家。我和安安算是皈依三寶的在家居士，即是在家居士又有實質夫妻關係，適當行房是合理的，我們有我們的性生活，並不違反佛教教義。

晚上八點多，菩修長老和清雲、清泉二位弟子來訪，爲討論三月份參加在台北舉行的「振興台灣佛教會議」，及年底在江蘇無錫舉辦的「第六十八屆世界佛教論壇」事宜。我和安安思索很久的課題也順便請益，我們以在家居士的身份，怎樣做對佛教才是最大貢獻？菩修長老啜一口香茗，他先讚美安安說：

「你的夫人年青漂亮又深諳茶道，對佛法又有深刻體認，未來必有大貢獻。」他稍停片刻，安安也回句客氣話，接著他又說：

「在家居士修菩薩道，比出家人的條件好很多。」

「是啊！菩薩道以布施爲重心。」我回應。

長老又說：「你們現在過的是居士的生活，也是禪者的生活，也是一種修行，最適宜對佛教做出貢獻。」

安安客氣答話：「我們距離合格的居士生活和禪者的生活可能還遠，我們會努力，希望有一些貢獻。」

清雲、清泉同聲說：「你們一定做的到。」

菩修師徒聊一陣便回寮房，前面讚美安安那句「你的夫人年青漂亮」，這時代婚姻制度雖早廢除，但夫妻關係仍有，只是一種雙方的「自由心證」。更大不同是，夫妻關係可能存在「眞人」與「眞人」（如我和安安）間，也可能「眞人」和「機器人」（或別型）之間，或二者同性，都是這時的常態。

菩修師徒回寮後，我和安安沒睡意，兩人在牀上討論起居士生活和禪者生活的內涵，使我們未來要做什麼？更加具體化。安安問道：

「我們算是合格的居士和禪者嗎？」

「現在當然不夠格，但我們努力就夠格。」我說。

安安對禪修有心得，所以她說：

「禪者的生活，不外是一種隨緣、隨衆、隨喜吧！」

「妳說的對。禪者的隨緣生活，沒有太多欲望，也沒有太多要求，不計較太多，也不計較太少。看起來什麼都不介意，因爲他什麼都具備，什麼都不少。生活裡隨緣放曠，任性逍遙，隨緣生活，這是一種禪悅禪定的境界，安安啊！妳說是不是？」我與她討論並共勉。

安安也講出自己的觀點說：「禪者生活要隨衆作務，不是離開人群，不論在那裡生活，三餐作務、出坡勞動、清潔打掃、整理環境，都是參禪，都是與自然、與衆人的融和。」

我鼓掌叫好，讚美她對生活有深刻體驗，進而我說：

「自己修行固然重要，但佛教徒要進而度衆，爲度衆而歡喜，禪者的世界裡，要泯滅一切對待，才能隨心自在。這大概是我們面向未來，需要努力的地方吧！」

然後，我停一下，看看安安的反應，她兩手一攤說：

「唉喲！這個境界至少要修一千年吧！」

看她嬌憨可愛的模樣，讓我想吃她豆腐，我冷不防地抱她，按倒在牀上，吻她，然後說：

「那我們慢慢修吧！」說畢，吻她……

她滿足的迎上深深的吻，片刻，她猛然卻說：

「像一個禪者、居士吧！」

時間在我腦海暫停十秒鐘，我也猛然從牀上坐起，想著「像一個禪者、居士」，居士，仍可以有性生活吧！與修菩薩道沒有衝突，我問她：

「安安，妳說理想的居士要具備那些要件？」

她答道：「這個嘛簡單，對佛法信心具足、持戒具足、布施具足、聞法具足，還有般若智慧具足。」說著，她嫣然一笑說：

「大師，對不對？」

「對極了，不過也要修一千年吧！」兩人開心的抱在一起，抱在牀上滾來滾去。

然後我問：

「我們行人道，創造名器好嗎？」

兩人抱的更緊，「嗯、嗯」深深吻她，她發出滿足的聲音，兩腿纏住我下半身，我在她耳邊輕聲說：

「妳的性活力像二十三歲。」

「你也不差。」說著又把「櫻桃」張開，把丁香送來，小手也不乖，下探抓住小弟弟……

啊！這是創造「名器」的晚上，從廿世紀從末、廿一世紀初到末，只有我倆才能創造完全的名器，不論妳叫安安、飄飄或三娘，生生世世都願與妳同行。

很多年後，二〇九七年春，江蘇大覺寺。

光陰如箭，我記得我們是二〇八〇年三月離開南島，開始過著居士禪者的雲遊生活，瞬間竟又過了快二十年，又快要向「恐怖」的二十二世紀扣門，怎不叫人心慌。

此刻人在江蘇大覺寺，二〇九七年的明月和八十六年前二〇一一年時，竟無不同之處，一樣的明月，不一樣的人間，神奇啊！詭啊！

回憶這十七年，我們做了什麼？雖沒做什麼大事業，卻也忙了十七年。身爲居士禪者對傳揚佛法有諸多方便，所以我們幾乎完全配合大覺寺（已是佛光山的全球總本山）安排，在全世界各道場講經說法，也說我們的親身見證經歷，如我們到過無色界和地獄參訪的經驗，告訴世人天堂和地獄是存在的。

國外雖未跑遍，中國大地卻已走透透，而台灣去的最多次，停留時間也最久。雖然台灣已成佛法式微及「養老之島」，但諸山大德始終不放棄，始終努力在經營、在播種。大家一定也想知道一下世紀末台灣情形，除了土地沈了三分之一，地層下陷仍嚴重，人口約二百多萬。南島最南端有一些漁民，我曾聽一老者（約九十歲）用台語對人說：

「古早古早，台灣是一個偉大的國家，曾經統治半個地球，不是中國吔！咱一定愛獨立啦！」

當他用台語這樣說，已經極少有人懂，因爲台語、客家語老早成爲「博物館典藏的古物」。但可以證明，仍有人在搞台獨運動，甚至我在南島時，曾聽到三個僧人在晚上竊竊私語，大意說：

「大日本國復國運動解放組織要增設密秘分會，可能在台北，時機成熟要遷回國內……」一個年約五十的出家人說。

「大以色列猶太復國運動委員會在加拿大成立，我會離開一陣子，這裡的事有勞二位……」這是一個老外出家人，年紀較輕。

「大台灣國建國復國組織快成立了，南部我負責內應，我們準備成立敢死隊，攻擊台北的州政府……」一個更年青的，顯然這三個是假和尚。

不久台北有一場動亂，州政府受到襲擊，但很快被一支機器人組成的小型安全部隊救平。「眞人」組成的台獨部隊全被剿滅，機器人無損傷，奇啊！像一滴水滴到湖面引起漣漪，不久平靜了。但可以說明，每個世代，總有一些偏激份子，製造一些不安。這樣也好，平和安逸太久，人心容易漫散退化。

再者，這十多年中國大地走透透，印象最深刻的地方有江西昌佑民寺、安徽天柱山佛光寺與三祖寺及司空山二祖寺，江蘇的無錫靈山、揚州大明寺、邗江縣西南高旻寺、南京棲霞寺，上海沉香閣、河南永泰寺、白馬寺和龍門石窟，廣東南華寺和光孝寺，湖北的五祖寺和四祖寺、廣州的華林寺、河南少林寺。這些地方有的是舊地重遊，有長住有短住。現在人又回到太湖大覺寺，爲參加「世界佛教論壇」。

大覺寺也是佛光人的祖庭，位江蘇太湖西邊宜興市西渚鎮的橫山水庫（雲湖）東側，爲禪宗臨濟宗道場，我和安安是臨濟宗第四十九代弟子，師父即星雲大師，故對大覺寺情有獨鍾。本寺於南宋咸淳（一二六五～一二七四）年間，由志寧禪師創建，歷代多次重修，民初志開和尚擔任住持，在此寺爲星雲大師剃度。這回「世界佛教論壇」在此舉行，也是紀念創寺八百三十二年，眞是千載難逢的殊勝因緣。

「論壇」一週活動很快進行到最後一天的閉幕式，席間也許太累竟然打起瞌睡，一睡入夢，在黃昏的山坡見一女子向我走來。客氣的說：

「李先生還記得我嗎？」

女子長像還算清秀，我端視片刻，立即想起地獄參訪的事，帶著親切心情說：

「啊！妳不是地獄導覽員張美麗小姐嗎？有何指教？或有什麼大事通報嗎？」

「是啊！我就直說了。以陳水扁爲首包含你在內，一千人犯製造三一九槍擊竊國案，除你最早醒悟傳揚佛法，其他人都還在地獄受苦。陳水扁在地藏王前翻案，現在要傳你去作證，請隨我來。」她簡略說明來意。

「這不是九十三年前的老案嗎？早已定罪服刑。」我邊隨她走邊問。

她道：「地藏王慈悲，他要翻案就給他機會，照法律走，得傳你作證。不過他一案未平另案又起，恐怕更重，得在地獄受苦幾百世。」

「另案又起，指的何案？」我問。

「陳水扁雖在地獄受苦刑，但他又心懷惡念，企圖收買獄卒，製造動亂，推翻地藏王，自己當王。他才起心動念，即被抓拿問，刑上加刑，他辯稱只心想沒有行動不算罪，可惜那是世間法，在地獄裡起心動念就構成法律要件了。」張美麗清楚的說明。

我隨張美麗快去快回，一覺醒來，閉幕式正要結束，我正納悶，是不是一個夢境？會後我問安安，她說也在夢中和張美麗閒聊，知道她的來意，所以應是眞有其事。但我們不懂的是，「319竊國案」是二〇〇四年的事，爲什麼二〇九七年還在地獄糾纏，只能說兩處時間觀不同吧！

這是來大覺寺參加「世界佛教論壇」外的小插曲。一週後，我和安安會回台灣南島幾個月，再隨「中國佛教全球宏法團」到歐洲共和國、非洲和巴西，到二〇九九年十二月再回中國，二十二世紀開始就有重大任務。

# 27 廿二世紀地球發瘋 第六次大滅絕加速

廿一世紀的最後幾年，我和安安隨中國佛教宏法團又到過很多地方，看到更多可怕的末日景像。中國即是這個時代的世界盟主，當然有義務協助各國應付災難，我們這個宏法團只是配合政府做一些救濟，並安慰人心。進而結合當地的本土佛教團體，做傳揚佛法的工作。

但事實上我是有些悲觀的，從廿一世紀中葉到現在這五十年，地球環境已陷入「不可逆的惡性循環」，換言之，已非人類能力所能挽救，佛法也不能救地球，只能救人心，給人一些平安。

原計畫二〇九九年十二月回國，因任務太多，整個宏法團延到二一〇二年十二月才回到中國，這眞是一趟「恐怖之旅」，且聽我道來。

記得我們是在二〇九七年春天過後不久，從大覺寺出發，首先到歐洲共和國，地中海和亞得里亞海沿岸連晚上都熱如「火藥桶」，中歐一帶的森林失控的燒著世紀大火，幾個月無法熄滅。據新聞報導，更具毀滅性大火也在美洲東岸、南美亞瑪遜森林、非洲、中國大西北等地燃燒，送出更多二氧化碳。

當有些地方大乾旱和大火，有些地方卻反常出現大洪水。最嚴重的美洲西岸、中美洲、中東和中歐，原荷蘭地區已完全被海水呑噬，孟加拉和埃及有一半國土慘遭蹂躪。因乾旱大火和洪水造成的死亡人數，歐國就有兩百萬，其他地區更難以統計，被迫遷移的「氣候難民」不知幾千萬？？

比大洪水更恐怖的是北美地區的「魔鬼颶風」，近二十年來從未間斷。最近一次把堪薩斯國、密蘇里民主國、愛荷華共和國和懷俄明獨立國，四個國家幾乎被夷爲平地，死傷無從估計，直到二〇九八年六月我們到達該地區，仍如人間煉獄一般。據報導，相類似的魔鬼颶風也在中國扶桑州、印度發生，死傷也是百萬計。

非洲是我想去而無機緣可去的地方，據說乾旱也嚴重，近三十年來有數百萬平方公里沙漠化，造成幾百萬饑民。但這不是最可怕的，更可怕的是一些「無形殺手」，在整個非洲漫延，包含瘧疾、叢林新病毒、禽流感、變種愛滋，和一種從猩猩身上傳出「猩敗血症」的病毒，已使全非洲人人活在死亡陰影中，叫人擔心的是，這些病毒正在世界各地漫延。無從控制或隔離，全球頂尖醫學專家正謀對策。要等到有新藥可治療，不知地球上有人否？

二〇九九年春，我們到達南美洲，這一年又好像是全球的「地震年」。在中國新疆、加拿大魁北克區、南美智利、南亞、中南半島和義大利地區，分別有九級以上地震，死傷不計其數。而九級以下地震，更不知有多少。公元七十九年毀滅羅馬龐貝城的維蘇威火山再度爆發，事前無預警，這回龐貝和那不勒斯兩城市，全被埋在火山高溫泥漿下幾公尺，千年後地球上若還有人類，這兩城是最佳考古點和觀光區。

因著氣候鉅變，除人類遭殃外，地球上一切生物都面臨滅絕。大約二〇一〇年代存在的生物，到現在不過九十年，已有百分之七十物種消失。這個問題在廿一世紀之初有志之士已在設想，當時有兩個「世界末日地窖」，專儲存重要生物種子，一個是挪威的「史瓦巴德全球種子地窖」，一個是「中國科學院種子銀行」，其他還有小型種子銀行。

這類種子銀行的構想，當然是防備地球上的生物若全滅絕了，還有可用的種子可拿來繁殖。但有兩個習題仍是無解，其一若人類全滅絕了，誰來運用這些種子，是猩猩還是外星人？若生物全絕了（含猩猩），只有等外星人來運用，或地球又演化出另一個文明，由新文明的智慧生物去打開種子銀行。第二假設人類並未全滅絕，只是地球表面已熱到不能種東西，那些種子留著何用？

地球會面臨不可逆的災難，到底是天災還是人禍？當各種毀滅性災難排山倒海而來，一波接一波，死亡人數動則百萬計。各國政府政客是否會放下成見和私利，全球合作共同對付災難？除強盛大國如中國、俄國、歐國、加拿大、巴西和印度有一些長遠對策，絕大多數的國家正忙於戰爭，那些地區九成以上的人民，鼻子是被政客牽著走的，所謂「人民眼睛是雪亮的」，只是古來的神話。

先講美洲地區，二〇二五年美國聯邦政府廢除後，分裂成數十獨立國家，大約有三十多年和平期，也還有小規模的種族爆動、白人獨立或黑人分立衝突。但世紀末以來可能天災人禍太多，爲爭水爭糧食又起戰爭，到我們前往南美洲時，竟也出現「戰國七雄」，最強的前三名是西部加內共和國、東北密西根共和國和東南阿肯色民主國。目前仍持續「洗牌」中，加內共和國總統阿達麼揚言統一北美，建立純白人的統一國家。阿肯色的黑人總統歐巴桑則號召建立純黑人的統一國家，結果將如何？恐怕無人知曉！可憐的是蒼生子民！

再說歐洲共和國，統一局面大約維持四十年，但因毀滅性災難太多，政府束手無策，千萬難民到處流竄，分治之聲又起。大約二〇五〇年代後，許多民族（種族）紛紛揭竿而起，要建立屬於自己的民族國家，起初規模不大，歐國中央軍警還能鎮壓。如此停停打打也過了幾十年，但近十年來各地獨立之聲高漲，地方自組軍隊日越強大。看來問題越來越大了，因爲一旦分裂，勢必帶來百年內戰，乾旱之火加上戰火，人民如何活下去？

南美洲目前沒有大型戰爭，要歸於巴西的強盛，尚能主盟坐鎮整個南美。但我們到達巴西里亞（Brasilia，在巴西中部）時，在南美西岸（太平洋東岸）發生大海嘯，北起秘魯，南到智利中部，沿海城鎮幾全毀滅，死傷無數生靈。巴西政府領導南美各國全力救援，本地的佛教團體也動員起來。我們南美待的較久，分別去過嚴重災區的秘魯和智利，另外阿根廷及福克蘭島（已屬阿國），回程在中美洲各國停留三個月，之後直飛加拿大維多利亞島（在北極圈內）。

加拿大應是地球暖化的獲利者，因而成為美洲強國。阿拉斯加在內戰中脫離宣佈獨立，又與加拿大爆發戰爭，戰敗於二〇四〇年成為加國一省。加國因而更強大，但強大不代表沒事，眾所週知，魁北克獨立運動兩百年來從未停息，政客只要有機會便煽風點火。最近一次魁省的獨立事件（獨派美其名曰獨立戰爭），很快被軍隊敉平，傷亡不大是幸。

我們在加國停留最久，乃因加國的佛光山道場較多，且信仰佛教人口亦多，加國領土也廣闊。在廿世紀初北極圈附近全是四季冰封或永凍層，不適人住。至今隔約百年，變成較適合人住的地方。但隨著地球暖化速度加快，不久恐連北極圈也會溫度過高而不適人住。

我們會在加國待最久另有原因，是北極圈內天氣較好，我和安安都有一點年紀了，想在那邊避熱。直到二一〇一年十一月前往中南半島（原非計畫內，因多年動亂造成很多災民。）到次年四月又到印度，印巴關係又緊張，有爆發核戰之可能，中國正在調解雙方關係。不久我們轉往俄國，回到中國江蘇大覺寺，已是二一〇二年十二月，進入廿二世紀的第三個年頭了。

這幾年也等於把地球繞了一圈，我順便講一下這個時代的能源和交通。事實上從廿一世紀六〇年代開始，人類的科技已能全面使用太陽能，包含各類交通工具。尤其在速度上更是廿一世紀初不能想像，舉實例，二〇〇八年時從中國北京坐飛機到巴西，約三十小時，但二〇九〇年已突破四小時。

再舉一例，二〇〇七年時，美國的無人探測器飛到火星要十一個月，二一〇一年中國最先進的「炎黃火星天型九號載人客機」，從北京到火星東區中國城只要十五天，扣除中途太空站休息兩天，只要十三天。科技的進步給人類帶來無限的可能，並滿足人類所有可能的欲望，人的欲望很多，食、色、探險、掠奪都算是。但欲望有時也毀了自己，地球走向不可逆的滅絕之路，和人的欲望有直接關係。只有「色」欲的滿足，對地球環境沒有直接傷害吧！

說到人類性欲的滿足，最近我和安安從俄國回來時，在太空航機上見一對情侶，坐位在我和安安斜對面，那女子身材高䠷。大眼睛櫻桃嘴，待那男子很是溫柔。只見那女子時而頭靠男的胸部，一會兒拿出口紅補粧，她的唇已夠鮮艷動人，一會兒拿眉筆仔細描她的睫毛。我們都注意到了，我小聲在安安耳際說：

「那女子漂亮，氣質高雅，定有來頭。」

「是有來頭，她是廿二世紀才剛出廠最先進的機器人。」安安這麼說，我有些不信，問她：

「妳怎知道？有證據嗎？」

安安答說：「我的感覺就是證據，女人騙不了女人，何況機器女人要騙眞正女人，談何容易！」

事後查問，果然是機器人，且是俄國產品，但就連安安也不得不承認那「機器」，確實是「女人中的女人」。

對於這個時代，不論在那一方面，相信我們所看到所講到的，絕非全部或有多完整的論述，甚至根本只是九牛一毛。許多更高層的、機密的、尖端的或有關國家安全的，我們不可能知道。期待自己或讀者，能「從一粒砂看世界、從一朵花看天堂」，發揮想像力吧！

人類科技發展到廿二世紀，只能由「神乎其技」形容，確實滿足人類很多願望（欲

望），能源、交通、醫療、奈米電腦、奈米影光、隱形、尖端武器、核武……太空科技早已跨出了太陽系，並與外星人建立了合作關係，在太陽系邊緣有「星際合作研究太空站」，這些都不是廿世紀，或廿一世紀初能想像。由此觀之，人類的生存發展應很樂觀才對。

但據我這次環球之行，觀察強國（加拿大、巴西、印度、歐國、俄國和中國）的生存發展動機，似乎暗示著未來有一天地球將被人類「放棄」。而這一天雖不會很快，卻也不會太晚來。弱國與小國無力做什麼！只好持續內亂、鬥爭、腐敗，過一天算一天。

地球爲什麼會被放棄？或說地球把人類趕走了！根本原因還在地球環境已形成「不可逆的惡性循環」。早在二〇〇九年時，英國氣候科學家詹姆斯拉夫洛克（James Lovelock）會以地球是活的有機體，稱爲「蓋亞」（Gaia）理論，即地球溫度升高使很多地方成沙漠，海平面上升出現超大水患。旱災、高溫、農作和水減少，各類生物快速滅絕，預計到二一〇〇年，地球上人口只剩十億。人類雖已警覺，嘗試減少二氧化碳等使地球暖化的氣體排放，所有努力都注定功虧一簣。科學家的預測成眞，當二〇七九

年我和安安「重回這個新世界」，地球人口已是十億，滅絕速度超過科學家預估呢！從這一百年間地球環境的鉅變，從廿一世紀早期（約二〇三〇年），科學家稱「地球第六次大滅絕」開始，因爲生物種類消失的速度，比過去六千五百萬年的任何時候快一千倍，而廿二世紀開始成爲大滅絕的加速期……可怕……

地球第六次大滅絕即已不可逆，且正加速滅絕中，各大國科學家當然也早意識到，因而也加速對月球和火星的移民，並對這兩顆星球加速「改造」，使其更合人類居住。（如何改造，下章講解。）

從這次週遊列國回來，各大洲從未停止超級大災難的發生。北美的加拿大爆發超級颶風和龍捲風，不久又有九級大地震，道森和白馬城全毀，阿拉斯加與加拿大本土斷裂，而魁省獨立運動之火又燒起。

前美國分裂後的各獨立國，形成「戰國七雄」也仍在洗牌，最近整個東岸爆發魔鬼大海嘯，西部則高度乾旱，黃石超級火山又爆炸，死亡人數已不能估計。死人歸死人，戰爭卻仍要打，可見戰爭眞是太吸引人了。南美洲也慘，幸而災難沒有北美之恐怖。

歐洲共和國也被超級風暴、洪水和乾旱高溫所苦，據聞白天無人敢在地面上，曝露在正午陽光下，聽說十分鐘可以烤熟人肉。而非洲、澳洲也都大災難頻傳，中國沿海地區也因大海嘯，居民被迫內遷數十公里。

大家一定想知道台灣現在如何？從二〇八〇年開始地層加速下沈，至今（二一〇三年），才二十多年竟下沈三十公尺，此期間有兩次大地震，台南縣和花東縣南半部（看廿四章圖）整個斷裂沈入海底，人命損失無數。所以，現在台灣總面積約一萬平方公里，人口約百萬。

面對地球第六次大滅絕的加速，由中國所領導的「第二十梯次國際開發月球與火星建設兵團」，將在二一〇四年六月啓程出發。我和安安都參與這個大團隊，依計畫我們大約十餘年後才會重回地球，下章再講這段星際之旅一構想（之所以需要十餘年，因爲我隨一個宏法小組最遠要到太陽系邊緣的一個太空站，這裡是人類與外星人合建的太空研究站，我們也向他們傳揚佛法。）

# 28 末世大滅絕大動亂　外星建設大力進行

地球，第六次大滅絕加速中……

人類，以戰爭動亂再加速，逃向其他星球……

「第二十梯次國際開發月球與火星建設兵團」，在中國政府領導下，幾個大國積極參與，已準備一年了。但事實上，星際移民大工程從二〇三三年月球移民（不含之前的科學家登月探險），就從未停止準備，所以至今已有十九個梯次的建設兵團出發了。

火星移民則晚到二〇四六年開始，且有鑑於地球越來越不適人住，中國政府集合各大國人力財力，分別啓動「月球改造」和「火星改造」計畫，預計一百到一百五十年內（若順利更能縮短到九十年左右），可以完成「初級綠化工程」。大家一定不解，月球和火星如何「改造」？

原來，按「理論」，改造月球和火星並不難，難在工程浩大和費時太長，以及意外風險。衆所週知，月球和火星沒有人類需要的空氣，必須在「眞空」中植入很多能產生氧氣的東西，也就是在眞空中種植各種植物，讓植物釋出的氧氣充份散發在「眞空空間中」，直到生物可以呼吸的比率。這看似容易，執行起來萬分複雜。

爲此，數十年來「建設兵團移去大量農業專家、生物學家、化學家、基因工程專家、水土改良科學家，另外還有天文學家、物理學家、電子與電腦專家。還有政治、法律、文學、心理、宗教、醫師……舉凡建設人類新社會所要人才，都要移去，尤以二〇九〇年後的幾梯次，更是大批大批的移民。至於未來成敗會如何？經數十年的研究實證，改造計畫已越來越樂觀，想必人類這種生物不會在宇宙間滅種。

第二十梯次建設大兵團起程時間，已訂在二一〇四年六月一日晚上十一點到次日晨二點，在中國的三個基地，分十個大隊分別升空，所有人員物資器材等均先到達建在地球軌道上的「轉運母艦」（實即可容萬人生活的太空城）。我和安安只是這個大團隊中的小角色，此行屬於佛光山系統的成員約一百多人，我們一面宏法，一面建立各太空城（站）、月球、火星等地的佛教分支組織。

五月二十五日，大建設兵團升空準備正加緊就緒，這天的白天各大洲傳出氣候大災難，北美東岸的魔鬼颶風、黃石火山再次大爆發、中美洲大地震、澳洲大地震（北部沿海數百公里沈海底）、歐國中部大洪水及南部大地震，死傷仍無法估算。亞洲方面，西太平洋大地震引起的大海嘯，使中國沿海百餘公里慘遭蹂躪，土地沈入海中數萬年方公里，扶桑州南面（原四國、九州），整個不見了。

台灣呢？相對而言，損失似較少，只有台中縣以南半部沈入海底，減少約數千平方公里土地。奇怪的，南島和玉山附近並未沈入海底，如下圖所示。啊！這個世界，台灣，眞的都要毀滅了嗎？人們錯了嗎？還是自然界的「必然」。「地球第六次滅絕」，那麼！前面已有五次，也就是每隔幾億年毀滅一次，毀滅一個文明，又經幾千萬年演化，「無中生有」出現新文明，多麼弔詭的輪迴啊！貪污腐敗和分裂族群者逃不過輪迴的制裁，島嶼逃不過輪迴，地球也逃不過輪迴……輪迴也逃不過輪迴

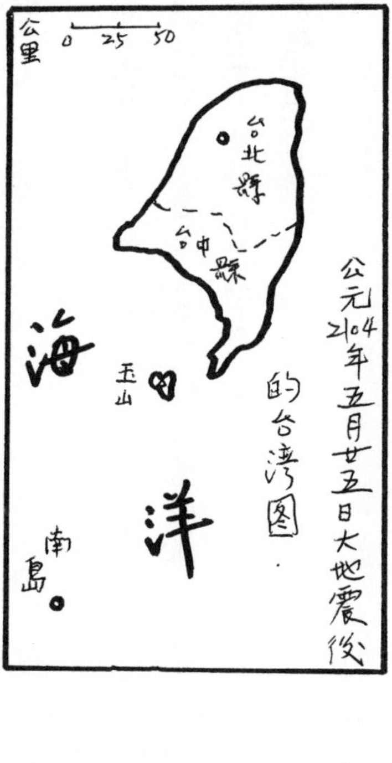

各地災難太多太大，救援不及，傷亡也尚在統計中。要報導的太多，只提一件小小消息好了。台灣的大地震正在救援中，傳出南部（南島、玉山島和本島南部）有群衆乘機暴動，據聞百餘台獨份子乘亂滋事，宣稱玉山島尚有數千人，可獨立行使主權，號召攻擊州政府，但不久被州政府的機器人部隊敉平。

……

與全球性災難相較，台獨百人稱亂乃小事，但引人注意。我以爲從二〇八〇年代後，台獨已經百分百熄火了，沒想到二一〇四年要離開地球之際，小火又燃燒。再者，更讓人意外的，機器人已進化到可以平定「眞人」的動亂，該喜或該憂？科學進步如神該喜，眞人越來越笨該憂，或者，我並未看到或了解這個時代的眞相。不論眞相如何？全球到處哀鴻遍野，地球如地獄，各國忙著救災。身爲全球最大的宗教佛教，除號召不分教派協助救援外，以中國佛教領銜，全球各主要教派在中國的代表，於災後第四天在四川成都舉行一場全球祈福法會，希望以最快速度安慰人心，並能感動老天，別再讓地球子民受難吧！根據報導，各教派代表名單如下：（外文中譯爲準）

國際佛光會全球總會長　荒島　長老
中國佛教總會會長　虛雲露空　法師
世界伊斯蘭教中國代表　穆德莫一　長老
中國區回教代表　阿德山參　長老
世界天主教總會中國代表　木斧湖　神父
基督教中國代表　塗岸岸　牧師
中國天帝教總會代表　衛斯平先生

另外還有很多其他教派不及詳列，如道教、東正教、台灣基督長老教會（據聞信徒尚有百人）等，爲表示有衆多代表性，縱使小小教派，只要存在，都被接受共同參與祈福會。另有政商各界名流就不逐一列舉，祈福大會行禮如儀，經媒體向全球播放，是否撫慰了人心，只有天知道。每當重大天災或社會人心不安之際，除救災與治安外，需防政治野心份子乘亂而起（如台獨），也要防種族衝突擴大成戰爭，或大型恐怖攻擊乘亂進行。在這次「〇五二五」世界災難爆發，各國嚴防局面惡化，可惜有夠諷刺，就在祈福大會舉行之際（廿五日晚上），地球上竟爆發三起核武戰爭。

事前無聲無息，似風平浪靜，核戰竟爆發了。在此我要說明，製造原子彈或核彈的技術，早在二〇四〇年代就已經無法管制了，換言之，人類社會更早在廿世紀末、廿一世紀初，各大國呼籲建立「無核家園」，最後是失敗的。到二〇五〇年代，幾乎大多數國家、地區、恐怖組織或部落，已能輕而易舉的製造核彈，只看殺傷力大小而已。

這三起核戰分別是非洲境內兩起，一是南非黑白種族戰爭，另一是蘇丹與查德領土之爭引爆。第三起北美加內共和國和阿肯色民主國的「洗牌之戰」，容我概略解說好了。

黑色非洲大陸總帶著遙遠與神秘，我們努力在了解月球和火星或更遠的星體，而把身邊的非洲忘了。事實上，幾千年來，戰爭之慘烈，殺戮之慘重，絕不亞於地球上其他大洲或任何地區。遠的不提，最近的廿世紀內，非洲境內的種族對決大屠殺，幾百萬幾百萬的殺戮，簡直是年年上演的大型節目，蘇丹和查德只是其中一小部份。

這兩國爭戰多年，國際調停均未見效，因涉複雜的種族和領土之爭。兩國也早有核武，有國際與兩國的默契。言明大家都不用核彈攻擊對方。可惜二〇七一和二〇九二年雙方失控以核武互攻，險些亡國亡種。事隔十多年，問題未解決，也許休養生息力氣和膽量又有了，核戰又爆發，目前仍僵持中，據聞連婦女和十五歲小孩都動員上了前線。歐國、中國和非洲和平組織正調解中……

另一起南非黑白種族戰爭比較單純，非領土之爭，純是「生物間的生存戰爭」，史家早已定位成「百年戰爭」。也就是說，從廿一世紀初到現廿二世紀第四年頭，南非黑白之戰從未停息，打打停停。叫人放心的是他們黑白兩陣營雖有核武，始終能節制不用。近年黑人領袖曼德勒拉號召「最後一戰」（即以核武終結對手），不意成眞，但白人也以核武反擊，此恐非最後一戰，兩百年戰爭亦有可能，直打到地球毀滅……

再說北美的第三起核戰。前美國自廿世紀中葉到廿一世紀二〇年代原是地球上的核武強權，分裂成數十獨立國家後，部份擁核武國家仍是地區強權。至二〇七〇年代起到世紀末，紛亂又起，一度洗牌成「戰國七雄」，最強的前三名在前章已述。原先的加內共和國欲建立純白人國家，阿肯色民主國欲建立純黑人國家，數十年來內戰均未動用核武。但廿二世紀開始，可能災難太多，社會動亂始終不能平息，種族問題更加激化。所幸雙方使用「最小型」核彈，至於誰先用核武已說不清楚了。

三起核戰六造都沒有佔到便宜，位於北京的聯合國正在召開緊急會議，要求各方節制，避免發生大型報復性核戰。會議也同時決定幾天後六月一日，月球火星建設大兵團須按時升空出發，決不受任何因素影響而延誤開發新世界的行程。六月一日晨四時，我和安安隨第八大隊第六小隊已到達預定地點，今天的生活全納入倒數計時管制和安排，包含所有飲食控制（據聞爲配合星際旅行所須）。

這「預定地點」在那裡？一般人只知道在北京西北約二百多公里處，有一「星際航天基地」，地面只見其三分之一設施，餘深藏地底。這基地每隔數日有前往月球和火星的定期航班，但班次最多（每日約十班次），是往返地面到軌道上的轉運母艦，類似太空與地球間的交通車。

這回第二十梯次建設兵團，分別有從北京、西安和黑龍江三個基地起程，其他細節我們所知不多。畢竟，那很多是機密，只有高層核心知道。

每個人從早晨四點開始，一站經過一站，一關經過一關，包含早餐、休息、活動，都有固定流程和空間，八點、九點、十點……有些檢查和流程很是無聊，有些檢查是機器人代勞，覺得「它們」也很有人情味。

現在流程告一段落，按感覺判斷，此刻我們所處可能在這基地地底下數百公尺深處，一個「特種旅客過境休息中心」，等著吃中餐。有各種影片欣賞，大廳中有最先進的「奈米影光視」，正在播報最近全球新聞。就在最近我們不注意這十小時內，地球上又有天大的消息，北美有魔鬼龍捲風「洗劫」五個城市，而東岸有大海嘯；南美高溫、洪水和大地震。歐洲共和國爆發兩大族群內戰，日耳曼族和撒克遜族由局部衝突，一夜間演成戰爭，看情勢難了。歐國調動中央軍三十萬精銳，要幹嘛！……

其中一則新聞最是意外與新奇，索馬利亞海盜和納米比亞海盜，合組聯合艦隊，以「土製核彈」攻擊馬達加斯加共和國首府，並劫掠過往船隻。這些海盜在三十年前被中國艦隊剿平，一度沈寂，但世紀末乘亂又起，更加壯大，其艦隊近年更橫行於印度洋到南太平洋間。各大國忙於救災、動亂和外星建設，如今海盜壯大　甚至能製核彈攻擊國家，看來中國老大哥要頭痛了。

我和安安在過境中心逛、逛、逛……等、等、等……用完午餐，等下午兩點有一場行程講習。

逛到免稅商店區，想到要買什麼東西送月球的朋友，月球開發已有百年歷史，地球有的月球大概也有了。

新聞還在播報，中亞發生種族衝突，新疆安全部隊加強警戒防乘亂滋事，澳大利亞發生大海嘯……

我們有心無心的聽著、等著，等著又爆發另一個大災難，靜靜的等著地球第六次大滅絕在加速中，更希望等著飛向另一個新世界。

等待的時間，腦袋會長翅膀，安安忽然嘆一口氣說：

「人類怎會走到這一步？」神情有些失落。

我答：「因第六次大滅絕提前來到。」

安安有氣無力的回一句：「近幾十年來學術界、科學家講的夠多了。」

「是啊！事實上人類會走到這一步，大滅絕提前撲來，根本原因已有定論，早已找到禍首了。」我說。

「你說資本主義和民主政治嗎？」安安明知故問。

「是啊！」我說完，她靠我身上沈默了。

地球第六次大滅絕提前加速進行，禍首竟然是資本主義和民主政治，若我不解釋，活在廿二世紀的人聽不懂。資本主義和民主政治本是一體兩面東西，基本理念「自由」，在資本主義稱「自由市場」，在民主政治稱「政治自由」或「自由權」，這本是好東西，關鍵在自由成了失控而不能管制。

大家都知道，人類的經濟生活不外「生產、分配、消費」三大領域，整本經濟學課本寫的不外此三事。按資本主義自由市場信念，生產、分配和消費是自由的，於是演成「無限制生產、無限制消費、不擇手段分配」，加上政治鼓吹自由，於是資本主義式民主政治在地球上瘋狂推行二百年，加上十九、廿世紀英美強權貪婪掠奪，使資本主義式民主政治成爲「吃垮」地球的禍首——

生產、生產，無限制生產，創造利潤。

消費、消費，鼓勵消費，刺激生產。

分配、行銷，用政治力、武力進行分配，行銷全球。

瘋狂生產、消費和分配二百年的結果，地球上的河海湖土地被污染，超大量二氧化碳破壞地球的氣候結構，整體環境成了不適人住且加速惡化，成了「不可逆」。科學家估算，若人類沒有這兩百年資本主義和民主政治的瘋狂破壞，地球的第六次大滅絕可以再晚三千年才會來臨。

這種道理就像一個二十歲的年青人，若正常生活按平均年齡可活八十歲。但若他忽然沈迷酒色，夜夜春宵，甚至一夜要搞幾個女人，成打成打的酒往肚裡灌，如此搞一年可能小命不保，就算好醫療也可能三十不到「掛了」。

地球是一個有機體，人類正常生活排出的廢棄物、二氧化碳等，地球有釋解消除復元能力。但人類二百年沈迷破壞了他的復元能力，他要反撲，消滅人類，以使自己有千萬年休息時間，再創造另一種文明。

想著、想著，安安打起瞌睡，靠在我身上睡著了。她今年六十六歲，按年代已過一百三十五年，還散發著迷人的清香，如那青春氣息依舊。

# 29 星際旅行初期構想　軌道上空再創名器

二一〇四年六月三日，地球軌道轉運站。

從地球來的各種人，有著不同任務，分別到軌道上的轉運站，再轉往月球、火星或其他太空站。當然，從地球也可以直接啟程，前往各地方。

還有，從這裡開始，時間計算有些複雜，因住月球的人用「月球年」，住火星的人用「火星年」，住各太空站的工作人員用靠近行

**廿二世紀初人類的太空星際發展圖示**

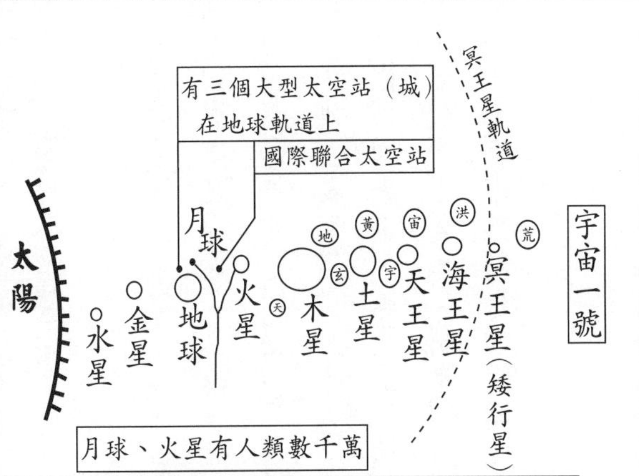


註：1. (天)(地)(玄)(黃)(宇)(宙)(洪)是人類建造的大型太空站，愈近地球愈早建造。

2. (荒)型太空研究站，是人類與外星人共有的太空站，位太陽系邊緣

3. 宇宙一號 是人類和外星人計畫中的研究站，已遠離太陽系，預計 2130 年完成

4. 我和安安的星際宏法之旅，從地球軌道太空站、月球、(天)型到(荒)型，最後再回地球。

星，如洪型太空站有「海王星年」。而荒型有「太陽年」，外星人更有他們自己的時間計算和年代，但我們爲大家方便了解，統一換算成地球年代。

第廿梯次建設兵團到達轉運母艦後，各大隊即分道揚鑣，我與安安也要暫時分離，她先到月球傳法講道，對象大多是女性，如獄中女犯人、女校或機構、道場等。她在月球可能至少待三年，再前往各太空站，最後到火星，所以再見面是很多年後的事。

我不到月球，直接前往火星，而後是天地玄黃宇宙洪，再到最遠的荒型太空站，在荒站有多場向外星人傳佛法的節目。最後再回火星，等到重回地球不知多少年後的事，整個宏法團體雖有精密計畫，但計畫總趕不上變化。請參閱本節「廿二世紀初人類的太空星際發展圖示」，便都一目了然了。圖中雖無行程說明，至少也大略知道人類廿二世紀初，所能到達的範圍和遠近順序。

這天的黃昏（太空中的黃昏每天有多次），我和安安在轉運母艦東區，一個靠窗的咖啡廳享受時光。要是地球上，望出去必定是一幅青山綠水美景或街景，但這裡是太空，景色改變很快，因爲轉運母艦在軌道上繞著地球轉，不論何時，相同的是一望無垠的浩瀚虛空，不同的是亮度。遠觀地球眞是很美。

窗外是宇宙虛空，這種經驗是我們的第一次，似乎吸引著我和安安的心情和思維，沈默一陣後我突然說：

「安安啊！我們這輩子眞是神奇，我們去過無色界。參訪過地獄，現在到了地球軌道，過幾天要星際旅行，妳有沒有特別的感覺？」

她伸一下懶腰，嘟起嘴巴說：「有啊！這眞是神奇，是奇緣吧！」

她的打扮依然很年青有活力，膚色粉嫩，櫻桃小嘴上著淡淡紅彩，不像是一個六十六歲的女人，更不像是走過一百三十五個年頭的女人，我有一種曖昧的笑容。

我故意端視著她，而她故意看外面虛空，我沈思片刻，無心從口中飄落一句問話：

「安安，妳幾歲啦！」

她又伸一個懶腰說：「明知故問。」轉頭又看外面，此時天色將暗，暗的很快。

我知道此刻我們都有心事，過幾天要分道揚鑣，而且不是短期，是很久很久，這兩日雖也有親蜜動作。散步時手握的更緊，言語卻少了，沈默多了。

在太空城閒逛兩天，驚嘆人類科技眞不得了。這天晚餐後我們在房間泡茶，邊泡

著我邊說：

「安安，我們這把年紀了，還要這麼久的分離，是很不捨，不知能否再見？」我的落寞寫在臉上，我是眞的動了眞情。

她也似動了情緒說：「我也不捨，我們從未分開這麼久。」她把視線移向窗外，外面一片漆黑，又起身走向窗邊，似有所思。

我起身走向她，牽起她的手，把她摟在胸前，她的髮香和體香仍如青春時代那樣有誘惑力。無言的安慰，肌膚觸摸，最能安慰人心，果然她頓時就笑了，像一朵燦爛的向日葵，輕聲說：

「還有年紀比我們大的，如彩雲師姊七十四歲，顏玉師父七十五歲，剛才我太執著，忘了佛教徒應有的因緣觀。」

「我也是，修的還不夠！」我答，並擁抱她入懷，她的心跳均勻，體香懾我。啊！一種生命的動力湧上心頭，兩人擁吻起來，靜靜的，無聲無息，只有兩人的呼吸聲，在地球之上，在宇宙的中心……

輕輕的滿足，「嗯、嗯」從她的小嘴散落一種甜蜜的樂音，淺淺的吻、深深的吻，兩人在靜默中用舌頭交談，用心靈溝通，用意識交融，述說我們生生世世的戀情，這也是我們的第一次——在地球軌道上空擁吻。

我輕輕抱起她，走兩步放牀上，俯身凝視，四目相對，兩情相悅。她水漾的眼眸散射愛的光彩，無言也是一種境界。俯身吻她，整個身子貼上去，交纏著，撫摸她的雙峰，依舊堅挺有彈性，「啊！啊！」她叫著，伸手抓住我的小弟弟……

多久沒這種感覺了，退去兩人身上的裝備，如兩隻糾纏在一起的蛇，我的手下探她的小妹妹，竟已溼了一片。大概太久沒做愛，我竟已急得撥開她的雙腿，堅實頂立的陽具就插了進去，她「啊！」叫一大聲，兩手緊抱……

我情急的衝、衝、衝……她「啊、啊、啊」聲聲叫，沒幾下我累的翻身下馬，她順勢一翻，用小嘴含住堅挺的小弟弟，開始施展她口交的功力。我心忖自己太急了，躺著休息，享受她另一種愛意。

「嗯、嗯」夾的呼吸聲，她時而深含，時而淺嚐，暖流在兩人心底迴盪漾漾，就在噴火的剎那，小弟弟自暖窩逃出，換我翻身把她壓在下面，饞涎欲滴的嘴，已貪婪的咬住多汁甜美的水蜜桃，舔、吸、吮，汁液芳香，不可形容的迷醉……而她，兩腳夾住我的頭，激烈左右擺動，「啊、嗯」之聲越來越大、大……一定她是高潮了，我放慢動作，放下了水蜜桃……

兩人輕輕的吻，輕輕的把兩足纏住對方，世界仍是寂靜的，我在她耳際輕說：

「安安，妳雙峰堅挺的彈性，陰道伸縮的動力，愛之水潺潺流出，簡直和年青時一樣，實在是女人中的極品女人，人間僅妳一個吔！」說著　用愛的眼神看她。

她沈思、巧笑，片刻說：「說實在的，一個六十六歲的女人是已經不行了，想做愛不僅力不從心，生理條件也難以配合了。但因有你，潛意識的 Libido 被喚起，因而改變了生理條件，所以有點像回復青春了。」

聽她這麼說，我也老實說：「其實一個七十三歲的男人也已力不從心，只因有妳的媚力像青春活泉，喚醒男人的原始本能，年青的活力才又回來了。」

「嗯——」分不出誰的滿足樂音，嘴巴貪婪的咬住右山峰想左峰，咬左峰想右峰。

而她的小妹妹又開始衝撞我小弟的門，我的嘴在深吻喘息的空間，輕聲滲出一句話：

「我們多久沒創造名器了？」

她在喘息的瞬間說：「不正在創造名器嗎？」

是啊！我們正在創造人世間最經典的「名器」，而在這瞬間，我那堅挺巨大的「定海神針」，竟不知不覺的又插入她深邃溫熱的宇宙黑洞中，那黑洞有著無限的活力和吸力，兩人不約而同把動作放慢，迎合——脫離——又自高高的頂點，衝、插——到最深的宇宙之心……

「啊、嗯、啊、嗯……」陰陽融合的聲音，交纏……我們在地球軌道上空創造名器，也許就要分離，不知何時再相見，這像是最後一夜，一次接一次的高潮，不知創了幾回名器，白天——晚上——，又晚上——白天……深怕一停止，一放手，就永無機會了，直到累倒了，雙雙累癱了，睡了，醒了，再一次……

明天，也是，連續兩天，幾十個小時，要、要，還要，啊！我們怎麼了？一切修行成了白做工，第三天終於清醒了。

清醒了，看看行程計畫表，距離各自前往報到站的時間還有十個小時。安安和前往月球的團隊，必須按時前往母艦南區的「月球總站」報到，我前往北區「火星總站」報到。

現在，我們眞的醒了，悟了，身爲佛教徒，要懂得把握隨緣，一切都是緣起緣滅。

到時，兩人約好，用微笑歡送對方前往報到區，不吻別——一個飛吻取代。

這最後的十小時，我們並沒有再創「名器」，我們希望以最平常的心隨緣度過，除必要休息，我們專心且仔細逛逛，看清楚這個位於地球軌道上空的小小世界，在這小世界中也看到其他人種。除屬於人類的各色人種，也有人造的各類人種，如各種比二〇八〇年代更先進的電腦人、基因人、生化人、複製人等。據聞，這次的建設兵團有五位最先進才剛出廠的「光合人」，純中國製造，依靠陽光自行進行光合作用吸取能量轉換，便能維持生存，永續工作，不必任何食物，型號叫「中國磐古甲型」第一批光合人。可惜，大家至今尚未見過盧山眞面目。

啊！人的定義是什麼？生命意義何在？電腦人或光合人他們感受的眞善美是一種「質」嗎？或僅是一種「量」？一種統計而已。

儘管這個時代，任何眞人可以按自己所愛所欲訂製自己的所愛的人。例如，一個男人可以訂製另一個「女人中的女人」，屬生化人或基因人都能按自己所欲；反之，女人也可以訂製「男人中的男人」。眞人和電腦機器人做愛已是平常事，月球和火星上恐怕更先進吧！

還有更遙遠的世界，那裡是尖端科技中的尖端，天地玄黃宇宙洪型太空站，到最後的荒型已有外星人，那裡的「人」怎樣生活，都不能想像了。

但我和安安抱著一份好奇、一份期待，我們只想盡自己天命。屆時我們眞的揮揮手，送一個飛吻給對方，就各自前往報到區，按時起程，隨衆飛向未來。

# 30 星際傳法會外星人 人類餓鬼頹唐而回

公元二一〇四年六月中旬，飛往火星的第七天。

假如宇宙間眞有一種超級無聊的日子，那便是星際旅行，看不到山河大地，聽不到溪流和小鳥的唱歌，沒有海邊或草原可以散步，每天所看到的是一樣的虛空光景，浩瀚無垠，無始無終的樣子。

還有，每日生活在一個小小的空間。（儘管這種「炎黃火星天型十號飛行器，已算大型星際交通運輸工具，載客量是八十人，其內部設施分一人獨立房，爲領導階層才能使用，之外有二人房、四人房和六人房。」要度過十多天；還有，每日生活、作息、食物和飲水，因空間和資源均受限，都受到「精密」的管制。

飛中唯一有的工作，是每天四小時的教育講習，針對每人的任務需要，爲他做有關火星環境和工作性質的職前「複習」，其他是自己的時間。

幸好同室和左鄰右舍很快也混熟了，我的另三個室友是白馬寺前住持古晟長老、華林寺和尚雲山師父，二人小有名氣，我早已耳聞，前者約六十歲，後者四十八歲。第三位司馬千居士，原是生化人研發科學家，四十歲，現在不搞科學，專心傳揚佛法。此人年紀不大，浸淫佛法二十年，講經說法經歷就十年了，問他爲何不出家？他說因緣未到。

再說鄰居好了，左鄰的四位只有一個「眞人」，他是北京大學星際生命專家林一夫，只說要前往荒型太空站，有重要任務。另一是古典女人味十足的女性機器人，名叫眞眞，她是林一夫的夥伴（即性伴侶）。還有兩位是林的助理，一叫大偉的電腦人（雄性），一叫恩愛的基因人（雌性），這兩位助理也是伴侶。

右鄰就「正常」單純多了，都是農林生物基因科學家，他們專職在火星地表的綠化工程。分別是沙盟林幾（中國少數民族）、比德東堡（俄國人）、聖約翰（歐國人）及東條英七（此人來歷特別，據聞是二十世紀侵略中國的倭國軍閥東條英機的後裔，發誓一生奉獻爲祖先補罪。）

按飛航行程計畫概要，今天是從地球軌道上的轉運母艦起航第七天，若行程不延宕，今晚十二時會到達「國際聯合太空站」（地球與火星間的中途站）。果然晚餐時有廣播，大意說，「各位旅客！我們將在國際聯合太空站停留三十五個小時，歡迎大家參觀這個太空站，我們將於六月十六日上午十一時起航飛往火星，現在是公元二一〇四年六月十四日晚上七時，祝各位旅途平安。」

也許大家悶太久了，晚餐後左右兩鄰都到我房間聊天，十二人擠成沙丁魚狀，大家漸漸熟了。

大約晚上八點，各房間的視訊系統更詳細講解停靠時間和規定事項。晚上十二時才到達，四小時後的事。

此刻，有十二個「人」擠在小房間內，有「眞人」、機器人、電腦人、基因人……還眞不知要聊些什麼話題，彼此的背景、來歷在前幾天閒聊都概略提到。突然那位東條英七說：

「我們講些最先進、尖端的，還有最古老的。」他看看大家，大家也看看他，無言，他再說：「我們當中接觸最先進的，應屬林一夫先生吧！聊些荒〇型太空站，外星人比我們高明多少？」

林一夫思索片刻說：「荒型太空站是人類和外星人唯一合作的研究站，說合作是好聽，依現有證據和行爲模式的操作，外星人應是主控者，人類似乎只是被控制的白老鼠，但很多事情我們也不懂，也不知道眞相。所以這次我們有三組科學家要儘快趕往荒站，與外星人進一步接觸。」

司馬千居士好奇問：「他們比我們進步嗎？」

「應該進步很多。」林一夫肯定說。那位叫眞眞的機器美女依偎在林的身旁嬌聲說：

「有我進步嗎？」她說完，大家笑成一團。只有林沒笑，他一本正經的說：「按我的專業判斷和目前所了解，外星人比我們進步千年以上，甚至可能萬年。」他說完大家都不笑了，是笑不出來。

室內氣氛有些詭異，冷冷的，大家交頭接耳聊著自己對外星人的看法。過好大一陣子，我提醒說：

「最先進的講了，也聽聽最古老的吧！請古晟長老和雲山師父二位，談談白馬寺和華林寺的古老故事。」

大家起哄說：「對！講故事聽。」

說來星際之旅還眞是超級無聊，若要經年還須把人冷凍，否則怎能在狹小空間度過一年。這晚古晟長老和雲山師父講故事，白馬寺是「中國第一古剎」，位河南洛陽，東漢明帝建寺，請兩位高僧譯出第一部中文佛經「四十二章經」，爲紀念白馬馱經之功……

華林寺在廣州市，梁武帝大通八年，達摩祖師從印度到廣州，在此登岸。因與梁武帝話不投緣，祖師再往河南少林寺，曾在寺西石洞中面壁九年……

我邊聽這些已聽過百回的古老故事，心中想著，這些機器人、電腦人，難道也聽的懂！或許懂不懂不重要，大家只是無聊消磨時間。

終於，晚上十二點到達國際聯合太空站，不久乘「歐航」、「俄航」及其他機種的團員都紛紛抵達，大都好奇的下機想欣賞中途站如何的不凡。不看還好，看了都大失所望，因爲中途站只讓飛航器補充能源，並無觀光價值。唯一有條「街」的參訪路線，只是「走道」。還好時間很快，我們又起航了，飛往火星東區「中國北京城」，時間在講習（下半航程講習增加爲每日六小時）、閒聊、說故事、談外星人……度過。

在無聊的虛空中，我們又過了一星期。六月二十二日的黃昏，我們抵達火星東區的中國城。（註：自從人類有能力移民月球和火星後，這兩個新世界也早已按地球上強權勢力範圍被劃分，且依地球相對位置佔領或先到先佔，最強大者佔最多，東半球幾爲中國所有。）所謂的「城」當然大多在地下深處，少部份地面也是密閉室（溫室中），因爲火星雖已綠化植林數十年，但空氣中的氧量仍太稀薄，不夠人類生活在開放空間中。

到火星東區「中國北京城」，我和一些團員分配進住北京南門「火東寺」，爲上梯次到此宏法師父們所建。在我們中途的講習資料顯示，火星住民目前約一千一百多萬人（含眞人、機器人等各類人種），其中來自中國（含各地華人）約有五百萬，佛教（廣義、含中國民間信仰）約四百萬人。而正式皈依爲佛教徒者才五十萬人，至於火星西半球的佛教徒（信衆）可能更少。所以，佛教在火星有很大的努力空間。

爲歡迎本梯建設兵團到達（部份團員已先轉機到他處或更遠的太空站），第二天主辦單位請大家在「北京大劇院」，欣賞「梁山伯與祝英台」歌舞劇，這只是中國古老傳統的劇碼。但神奇的是演出所有成員都是「機器人」、「電腦人」和「生化人」。

神奇啊！唱功、台步、情感表達的感染力絕不輸眞人演出，可見廿二世紀初科技進步已在人們想像之外。

大概幾天後，我們開始幹活了，此後我在火星東區待了三年，你問我這三年幹了些什麼事？一言答之曰「爲佛教打拼」。此其間在「火星東區中國佛教協會」理事長幻夢花開老和尚、副理事長一江山長老領導下，我們在東區創建四個道場。當初來火星的三個室友，古晟長老（巧合與本書作者同）、雲山師父及司馬千居士，大多時候在相同的分組或地方一起工作，也成了好朋友。

當然，積極參加佛教活動、法會，相機隨緣渡衆是我的天命，尤以講「地藏菩薩本願經」是我的專長。以上是我的火星三年主要工作，細節就不必描述了，因爲工作不具有「故事性」，讀者大概沒興趣。

這些日子，我也會想起安安，幸好月球和火星的視訊交通網很方便，我們常連絡聊天。但我們也相互勉勵，不可「一顆心老是掛在對方」，便成了執著，要把心放在佛教上，爲中國佛教做出一點貢獻，我牢記在心，也就很久很久才會想起她，用視訊網聊聊、看看她。

從二一〇七年六月開始，我們要面臨更艱難的挑戰，隨兵團的一個中隊（約三十人）前往天型太空站，之後再到地玄黃宇宙洪荒等各型太空研究站。天啊！不僅艱鉅，航程經過木、土、天王、海王和冥王星，到太陽系邊緣（均見29章圖示），航程很久，超超級無聊。至少幸運的是分段航行，每到一個太空站會停一段時間。

此行有那些人呢？據說有生化醫生、天文學家等各類科學家，半數是心理和宗教人士。佛教領隊是「火東寺」的鴻一大師，我那三個室友都是同行者。行前講習資料說明，天型到荒型各太空站全是各類科學家和專家，太空站空間畢竟有限，長年工作，娛樂又少，幾乎所有成員都須要心理、精神方面治療，尤其更須要宗教安慰。所以，我們不僅僅去傳佛法，也會在每個太空站停留至少兩個月，到每個工作區和他們相處生活，也是一種隨緣傳法的方式比較自然而有效。

就這樣，我們又花了三年半時間才到達最後的荒型太空站。讀者若問這麼久的時間都在幹啥？一句話「傳揚佛法、安慰人心」。各個太空站人數都未超過千人，越遠人越少，各站都是眞人和機器人混合編組。

這些「傳揚佛法、安慰人心」的事也不須細述了。（註：根據我們在各太空站的實證研究，機器人、電腦人、生化人、複製人，及宇宙洪荒四站已有光合人，這些「人」也都須要佛法，須要禪佛的悟力和安慰，可以提高工作率效。）我要說的是我們到達最後的荒型太空站，與外星人最後一場「宇宙佛法化座談會」，代表外星人的最後發言，太讓我們人類震驚和喪氣了。原先雙方都討論到，佛法不是佛陀之後才有，有宇宙就有；佛法不光地球上有，宇宙間處處有。我方鴻一大師客氣的總結，輪到外星人最後總結。

外星人的代表緩緩「起身」……我該先說明外星人的「長相」。事實上，從頭到尾我們未見到外星人眞正長相如何！整個會場佈置，雙方相距約三十公尺，雙方各有約四十人。我方屬「人類」，當然「坐有坐相」，大家是「坐」在椅子上的。

但外星人看似一個圓形透明體，不很大，而是「放」在特製的桌子上，圓形透明體會隨「意」而動，有發言時，會發亮且緩緩昇起（飄起離桌約二十公分）。所以，外星人到底是那個圓形體，或內有眞相也是不得而知。雙方所有發言、溝通全靠「星際語言溝通翻譯機」完成，不靠翻譯機而懂外星人語，聽說荒站有五人，林一夫是其中之一。

外星人代表緩緩飄起，透明體發亮光，翻譯機傳出這樣的講話。不急不徐，標準北京口音：

「自從二〇七八年春，我們星系的仁者代表，到地球中國北京開和平會議，至今是地球年的二一一一年春，中間未有接觸，是雙方文明落差太大……」停一下，似在思考怎樣說，翻譯機又傳出：

「這樣吧！我說個眞實有關佛法和文明進化的故事，住銀河系邊緣有無量數多的餓鬼，這些餓鬼只有濃濃的食色之欲，永遠覺得無限饑渴，一切東西早被搶食光光。只剩臭水、屎尿、穢物和腐敗，依然在搶奪，受著無量無邊的苦……有一天，佛陀經過此處，餓鬼如見救星，爭先求救。佛陀爲他們暢說布施、持戒、禪定、智慧、忍辱、精進等六度。餓鬼們聽聞得救之法，都發菩提心，慢慢脫離鬼形。輪迴成更高等的生物。」翻譯機又停一下，那圓形透明左右飄動一下，亮光又閃耀數次，片刻，翻譯機又傳出聲音：

「在我們看來，你們人類這種生物和宇宙間的高等智慧生物相較，就像那些餓鬼，仍在食色中沈淪，而我們的進化早已脫離食色和所有的欲。我們之間若眞要比較，人類大概還在蠋蠅、蠕蟲或餓鬼的水平階段，我們的生物已達佛的境界。」那透明體亮光暗了下來，翻譯機停了。會議室內靜的有些可怕，因爲所有人都臉色鐵青，只不敢當場發作起來。透明體又亮，翻譯機又傳音：

「這樣說對人類眞的難堪，但不說你們看不見自己的眞相。拿事實爲例說明你們較能接受，各位從地球到這裡，航程要幾個月，我們只要一瞬間。這是鐵的事實，你們的文明和科技落後我們萬年以上，說是合作是我們的尊重，眞實是我們在救你們，望你們好自爲之。」

翻譯機停了，那圓形透明體一個個緩緩飄起，向後飄、飄、飄……室內仍寂靜，所有人仍呆若木雞，尚未回神過來……我永遠忘不了這一天，是地球年的公元二一一一年「二二八」。

之後，我們一組人踏上歸途。一站一站轉，荒洪宙宇黃玄地天，經冥王、海王、天王、土星、木星，到達火星西區已是二一一二年四月中。這一路又是一年多，我常心情不好，難以開懷，其他人也是，人類眞是餓鬼蠕蟲嗎？那些得道的高僧大德又是什麼？？？

整個火星西半球，已被地球上的次強權瓜分佔領，分別是俄、歐、印度、巴西和加拿大。共約五百多萬人，佛教徒約十分之一，安安和她們的團隊早已從月球前進到此，展開各種宏法工作一年多了，整個西半球由北到南有五個道場正在建設中，不久我和安安也連絡上了。

又過三年多，火星西半球的工作告一段落，我和安安隨部份團圓踏上飛往地球的航機，在轉運母艦上停幾天又起程。到達北京基地的時間是二一一五年六月十五日。同程回來的古晟長老回白馬寺，雲山師父回華林寺，司馬千居士說要到大覺寺出家，我和安安也要到大覺寺，便相約同行。

我和安安也約定，未來若機緣許可，我們去住西湖畔，終老西湖，畢竟這也是我們的天命。

# 31 賞景聊詩終老西湖　地獄來聘無間教席

多年後，二一二二年春，西湖畔……

這些年我和安安住西湖畔，常在蘇堤、白堤、湖畔散步，處處有我們的倩影，似乎我們把一切放下了。

也不，星際宏法之旅回來之初，我們常想起台灣，想起我們同時代的朋友們。向人打聽台灣的消息，有的說：「台灣島早已不見了，沈入海底……」

問更內行的人，我們再加以查證，原來又和第六次大滅絕有關。不論海洋、陸地或山河，各種詭異的大災難越來越多，規模更是越大。尤其二一〇五到二一一二年這幾年更嚴重，各大洲的超級龍捲風、魔鬼颶風、海嘯、洪水、高溫、乾旱、大地震、板塊重組……每年不斷，地球像是瘋子喝醉酒……

就在二一〇八年秋，西太平洋一次海底大地震，許多地方被摧毀沈沒，朝鮮半島剩下半節，扶桑州（前日本、古漢倭奴王國）大阪島和北半部不見了，原本剩下一點的台灣整個沉了，只剩兩孤島在海上浮浮沈沈。

那兩孤島呢？神奇的南島尚未全沈，約有半平方公里，露出海面約三十公尺。而整個台灣北部沈的只剩「玉山島礁」，露出海面約五十公尺，總面積差不多兩平方公里。人命財產損失無可估計，但西太平洋並非最可怕、最嚴重的地方。

據聞，在美洲、歐國、非洲、澳洲是西太平洋的十倍可怕，我這支筆不知怎樣寫，寫不下去了……

奇中之奇，意外中之意外，台灣全島沈入海底後，南島尚有三戶人家堅持留下，玉山島礁也有數十人。據說，他們有的自稱是一百多年前偉大台灣國領導人李登輝的後裔，有的說是大頭目陳水扁的後人，有的說祖先叫游錫堃，有的說李鴻禧子孫，還有林榮三之後人。他們共同的理想是台獨，就算只剩一粒礁石也要獨立，要出頭天啦！神奇啊！神奇！這數十人又分成四小派！

多麼紛亂的思緒在心中一閃一閃，地球第六次大滅絕壓上心頭……安安忽然出聲：

「喂！別傷腦筋啦！宇宙間的事不外緣起緣滅，你看那湖中的花開的好美！我們這把年紀了，把握當下吧！」

原來安安知道我心中在想什麼！這美麗的初春黃昏，仍是很熱，我和安安並列臥在兩張躺椅上，看著前面幾公尺的湖畔，確實開著漂亮的蓮花，她本該夏天開，因氣候亂了，她也亂了。

啊！我們這把年紀了，今夕是何夕？安安說：

「今夕是何夕？今夕是二一二二年二月十日，黃昏的西湖畔，你今年九十一歲，我八十四歲啦！你清醒了沒？別胡思亂想，把握當下。」

說來這幾個月我們眞有把握當下，年紀大了體力差，我們總手牽手在西湖逛，每天只有黃昏後氣溫低些好逛。含附近的岳王廟、靈隱寺、六和塔，還有西湖的「一山、二堤、三島、五湖」，都到了，這輩子何時有這樣的悠閒，如歷代名人雅士。我忽然問安安：

「歷代雅士在西湖留下的詩文，妳最喜歡那一首？」其實我明知故問。

她說：「最有名當屬蘇東坡出任杭州通判時寫的『飲湖上初晴後雨』：

水光瀲灩晴方好，山色空濛雨亦奇。

欲把西湖比西子，淡妝濃抹總相宜。

他寫西湖雨天和晴天的美景，水波蕩漾，群山迷茫，晴也好，雨亦奇，恰如西施不管怎樣都是美麗。」

安安的誦詩和詮釋引起我的感動，也附和回答：

「最美的詩和景都以最美的女人比喻，最動人，妳在我心中永遠像西湖又像西施，怎樣看都美。」

她笑說：「八十四歲的女人還有美感嗎？」

「別人我不知道，妳絕對有。」我肯定的答。

「謝謝，太讓我感動了。」她笑的開懷，如湖中盛開的花，荷齡雖老，也會開動人的花，她笑著又說：

「但白居易在西湖寫出境界最高的詩，並不用美女比喻，他的『西湖晚歸回望孤山寺贈諸客』一詩：

柳湖松島蓮花寺，晚動歸橈出道場。

盧橘子低山雨重，栟櫚葉戰水風涼。
煙波淡蕩搖空碧，樓殿參差倚夕陽。
到岸請君回首望，蓬萊宮在海中央。」

她雖八十四歲了，但聲音清亮，如清晨的小鳥叫聲，我們只是躺著，五個手指輕輕扣住對方五個手指，我靜靜聽著，像聽「心經」一樣舒服，兩人手動一下，仍然握著，有微風輕吹，附近有人散步。我示意安安繼續說，她慢慢說，一字一詞，如楓葉飄落：

「詩中柳湖就是西湖，因湖上垂柳飄揚，松島指矗立湖中的孤山，而蓮花寺是孤山寺。先寫船夫在湖上搖動歸橈，準備接客人歸去，而詩人和諸客正走出道場。次二句的盧橘即枇杷，栟櫚即棕櫚。接著詩人登舟行於湖上，寒煙似有若無，湖水藍天共一色，夕陽晚照，讓人感嘆！佛地如仙境，而孤山寺又有蓬萊閣，渾然爲一，這便是境界，中國詩文最高意境或意象在此。」

「好極了！妙極了！聽妳說，便是享受。」我鼓掌叫好，她忽然回話：

「妙，我們這輩子才妙。」她說著，我陷入沈思，我這輩子有她，不，是生生世世有她，才更妙。我打趣回話問她：

「奇緣、奇妙！安安啊！妳記得我們那年認識嗎？」

「當然，那是一百二十四年前，西元一九九八年在T大。」

啊！是啊！那是怎樣的年代，我們的初識，我們的愛，從前世到今生，今生又到來世，人世間最完美浪漫的戀情，我轉問她：

「安安，我們這浪漫完美的一些，應無缺憾了！」

「有，世間不存在完全的圓滿。」她簡答。

我解釋說：「不指客觀世界的其他存在，僅指我們二人，還有缺憾嗎？」

她說：「最初，我嫁了一個不該嫁的男人，你娶了一個不該娶的女人，他們和我們不能完全切割，主觀和客觀也不能完全割開來，不是嗎？」

是啊！我們聊著、想著這些往事，躺著，也懶的動一下，借路燈的光凝視湖面的花，不想百里外的大災難了。

想著、想著，打起瞌睡，忽的又醒了，恍惚如夢，忽見一女子走來，我和安安都感面熟，她先打招呼說：

「很久不見，二位記得我嗎？」

我和安安不約而同驚叫：「啊——妳不是地獄導覽員張美麗小姐嗎？」

此刻她看起來多麼親切，一點不覺得陰深可怕，笑容可掬答說：「是啊！」

我先開口問道：「張小姐親自駕臨，有何見教？」

她忽然嚴肅起來，就一本正經的說：

「我趕時間要向地藏王回報，就直說了，你們二位必須到無間地獄，向那裡的重刑犯講經說法六百年，正式職務叫啓蒙師。」

「爲什麼要去無間地獄？又爲何是六百年？」我疑惑不解。

她說：「命中注定，無從選擇，可能和輪迴有關吧！不過我知道你講授地藏經，你夫人講觀世音普門品。」

安安看的開，她搶說：「好啦！我們有因緣服務奉獻就該去。」

「……」我片刻沈默無言，一會兒問道：「趕時間嗎？」

張美麗說：「不很趕，但你們準備好就起程，隨我到無間地獄報到。」

夢去，人未醒，沈沈的睡……睡……

不久，我感覺自己輕輕的飄起，飄、飄，昇起，就在幾尺高的上面，看到下面仍躺在椅子上自己的身體。啊！怎麼了？上面的自己是意識魂魄，下面的自己是軀體，我不解，想下去，下不去；想進入自己的身體，進不去，就這樣飄著、昇著、看著……

然後，我看到安安也同樣，一個上面飄著，一個在下面躺著，飄著、昇著、看著……

過一陣子，我在上面看到有人過來，對躺著的我和安安推動，都推不動，也不醒，有人叫救護車……

飄著的我和安安隨著救護車飄、飄、飄；不，是追、追、追……

在醫院我看到醫生和護士，對著我的軀體急救，安安也看到自己被急救，我和安安只是飄在自己的上方，看著、看著，沒什麼感覺了。

終於，醫生宣佈：李明輝先生和黃安安女士，因心臟衰竭，急救無效，宣佈死亡，現在時間二月十日晚上八時正。

迷情・奇謀・輪迴（第三集・完結篇）
我的中陰身經歷記

# 32 生命輪迴暫告一段　中陰身往無間地獄

二一二二年二月十日晚上八點正。

慈悲的醫生和護士用盡一切方法急救，還是回天乏術，宣佈了我和安安的死亡，而此刻，我和安安仍飄在上面注視自己的屍體，麻木的表情，看著人們在搬動屍體要送往太平間，警方和法醫來了……

但這時卻沒有眷戀，已經不想回到自己的身體裡面，我知道現在的我，是一個中陰身狀態，中陰身也是我暫時的身份，我們聽到張美麗的呼叫聲：

「李先生和夫人請隨我至無間地獄報到。」那聲音清亮，每個字都聽的清清楚楚。

從此以後，我和安安在無間地獄擔任重刑犯的啓蒙師兼教授，我看到很多在陽世認識或看過的人，也碰到過很多奇事。有寒暑假，我以中陰身身份遊走於宇宙各界，也多次重回人間，那時的地球怎樣了？人類往何處去？我都會一一告訴大家，讀者拭目以待。

但，首先我得爲各位讀者，所有陽世的人們，簡介無間地獄在那裡？無間地獄的現況、組織、結構……等。

# 本書作者重要著編譯作品及購買方法

| 編號 | 書名 | 出版者 | 定價 | 備註（性質） |
|---|---|---|---|---|
| 1 | 國家安全與情治機關的弔詭 | 幼獅 | 200 | 軍訓國防通識參考書 |
| 2 | 決戰閏八月：中共武力犯台研究 | 大人物 | 250 | 國防、軍事、戰略 |
| 3 | 防衛大台灣：台海安全與三軍戰略大佈局 | 大人物 | 350 | 國防、軍事、戰略 |
| 4 | 非常傳銷學（與范揚松合著） | 大人物 | 250 | 直銷教材 |
| 5 | 孫子實戰經驗研究：孫武怎樣親自險證「十三篇」 | 黎明 | 290 | 孫子兵法研究 |
| 6 | 解開兩岸 10 大弔詭 | 黎明 | 280 | 兩岸關係 |
| 7 | 大陸政策與兩岸關係 | 黎明 | 290 | （同上） |
| 8 | 從地獄歸來：愛倫坡（Edgar Allan poe）小說選 | 慧明 | 200 | 翻譯小說 |
| 9 | 尋找一座山：陳福成創作集 | 慧明 | 260 | 現代詩 |
| 10 | 軍事研究概論（與洪松輝等合著） | 全華 | 250 | 軍訓國防通識參考書 |
| 11 | 國防通識（高中、職一二年級共四冊）學生課本 | 龍騰 | 時價 | 部頒教科書 |
| 12 | 國防通識（高中、職一二年級共四冊）教師用書 | 龍騰 | 時價 | 部頒教科書 |
| 13 | 五十不惑：一個軍校生的半生塵影 | 時英出版社 | 300 | 我的前傳 |
| 14 | 國家安全與戰略關係 | | 300 | 國安、戰略、研究 |
| 15 | 中國學四部曲　首部曲：中國歷代戰爭新詮 | | 350 | 戰爭研究 |
| 16 | 二部曲：中國政治思想新詮 | | 400 | 政治思想研究 |
| 17 | 三部曲：中國四大兵法家新詮（孫子、吳起、孫臏、孔明） | | 350 | 兵法研究 |
| 18 | 四部曲：中國近代黨派發展研究新詮 | | 350 | 政治、黨派研究 |
| 19 | 春秋記實：台灣地區獨派執政的觀察與批判 | | 250 | 現代詩、政治批判 |
| 20 | 歷史上的三把利刃：部落主義、種族主義、民族主義 | | 250 | 歷史、人類、學術 |
| 21 | 國家安全論壇（軍訓、國防、通識參考書） | | 350 | 國安、民族主義 |
| 22 | 性情世界：陳福成情詩選 | | 300 | 現代詩、情話 |
| 23 | 新領導與管理實務（金像獎得獎作品） | | 350 | 特殊環境領導管理 |
| 24 | 一個軍校生的台大閒情 | 文史哲出版社 | 280 | 閒情・頓悟・啓蒙・ |
| 25 | 春秋正義 | | 300 | 春秋、正義、學術 |
| 26 | 頓悟學習 | | 260 | 人生、頓悟、學習 |
| 27 | 公主與王子的夢幻 | | 300 | 書簡、小品、啓蒙 |
| 28 | 幻夢花開一江山（傳統詩風格） | | 200 | 兩性、經營、小品 |
| 29 | 奇謀迷情與輪迴：被詛咒的島嶼㈠ | | 220 | 政治、奇謀、言情小說 |
| 30 | 春秋圖鑑：回頭看中國近百年史（3600 張圖） | | 時價 | 3600 張照圖解說 |
| 31 | 春秋詩選（現代詩、政治批判） | | 380 | 春秋思想、詩歌 |
| 32 | 愛倫坡（恐怖、推理）小說經典新選 | | 280 | 恐怖推理小說 |
| 33 | 迷情奇謀輪迴：進出三界大滅絕㈡ | | 時價 | 情色、奇詭、科幻小說 |
| 34 | 迷情奇謀輪迴：我的中陰身經歷記㈢ | | 時價 | 奇詭、輪迴、警世小說 |

## 購買方法：

方法 1.全國各書店
方法 2.各出版社
方法 3.郵局劃撥帳號：22590266　戶名：鄭聯臺
方法 4.電腦鍵入關鍵字：博客來網路書店→時英出版社
方法 5.時英出版社　電話：（02）2363-7348　（02）2363-4803
　　地址：台北市新生南路 3 段 88 號 3 樓之 1
方法 6.文史哲出版社：（02）2351-1028　郵政劃撥：16180175
　　地址：100 台北市羅斯福路 1 段 72 巷 4 號